21世紀南山の経済学⑦

アメリカに振り回される日本の貿易政策

山田 正次

日本経済評論社

目次

はしがき

アメリカとの貿易摩擦が、日本のテレビや新聞を騒がせていた一九八四年の夏、米国広報文化交流庁の招きで、一ヶ月半にわたり全米各地を視察したことがある。その時、最も不思議だったのは、日本で連日のように報道されていた日米貿易問題が、現地アメリカのテレビや新聞には、ほとんど取り上げられなかったことである。アメリカに滞在していると、日本との間でほんとうに貿易摩擦が起こっているのだろうかと疑われるぐらい静かだった。現地で聞いてみると、「ワシントンの話だ。」自分たちには関係ないというような返事が多かった。日米が直接関わる問題で日本が大騒ぎするのは、日本の被る影響が、アメリカとは比べものにならないくらい大きいからなのかもしれない。

「国際経済学」に加えて「日本の通商政策」を講義担当した経験から、その印象はいっそう強まった。確かに、日本に最大の影響を与えているのはアメリカであり、日本の経済政策は、アメリカの意向を反映させるようになった。いつの頃からそうなってしまったのか。本書では、その答えを探りながら、時代とともに移り変わるアメリカの国益が、戦後日本の貿易政策にどのような影響を与え、どのような課題を背負わせてきたかを、明らかにしたい。まずはアメリカの介入が始まった、戦後日本の経済状況からはじめよう。

Ⅰ　占領下の貿易

アメリカの日本占領

戦後日本の貿易は、連合国による占領体制のもとで始まった。東京湾に停泊した戦艦ミズーリ上で降伏の調印を行った一九四五年九月二日から、サンフランシスコ条約が発効した一九五二年四月二八日までのほぼ七年間、日本は連合国を代表するアメリカの占領国となった。大日本帝国憲法は占領時点で失効し、日本の主権は連合国最高司令官ダグラス・マッカーサーに移った。

マッカーサーが「日本の議会も日本の官吏も、ただ連合国の意思のもとにのみ存在し得るのである」[1]と断言したように、占領下の日本は、最高司令官の指揮する総司令部（ＧＨＱ）の許可がない限り、何事も決定・実施できない立場に追いやられた。このことは、占領下日本の政治

（１）外務省資料『近衛国務相、「マックアーサー」元帥会談録』を、江藤淳（１９８０）22頁より転載。

決定や経済政策が、アメリカの国益に基づいていたことを意味している。

アメリカは、日本が二度と欧米諸国に刃向かえないようにするため、一九四五年九月に公表した「降伏後における米国の初期対日方針」にしたがって、日本を物心両面で解体しはじめた。

精神面の解体を狙った手段は、九月二七日に指令された「新聞と言論の自由に関する新措置」という言論統制である。日本人の伝統的な価値体系の破壊が目的であった。[2] 検閲方針に示された削除または掲載禁止の対象は、連合国への批判に加え、朝鮮人に対する直接間接の批判、神国日本の宣伝、ナショナリズムの宣伝、大東亜共栄圏の宣伝などであった。アメリカは、戦争にたいする罪悪感を日本人の心に植え付けつけると同時に、連合国や朝鮮人の言動はいかなる事についても日本人に受容させた。[3] 言論統制のための検閲には、アメリカ人だけではなく、多くの日本人も加わっていた。[4]

そしてアメリカは、日本の教育界や経済界を率いていた人々を、戦争責任があるという理由で、公職から追放した。公職から追放された日本人は、二〇万人とも三〇万人とも言われる数にのぼった。当時の対日政策担当者によれば、教育界、マスコミ、経済界において、旧指導者にとって代わった人々の大半は、低い能力の持ち主だったようだ。日本の戦

（2）言論統制の詳細については、江藤淳（１９８９）を参照。なお、江藤の依拠したGHQの文書が、果たして実在するのかどうか疑問視されていたが、関野通夫（２０１５）が、GHQの二万五千点にものぼる資料の中からそれを発見し、公表している。

（3）韓国の李承晩が日本領の竹島を占拠したのは、翌年四月の日本独立を控えた、まさにこの占領下の時代である。韓国をも実質占領していたアメリカの承認なしに、韓国の竹島占領が実現するはずがない。しかし、占領下の日本は、韓国と外交交渉する権限がなく、布かれていた言論統制のために韓国批判も許されない。李は絶妙なタイミングで竹島を占拠し、今日に至っている。

（4）江藤淳（１９８９）によれば、検閲に携わったアメリカ人要員は、一一三六名であったが、応募して加わった日本人検閲員は、五千人を超えていた。そして、検閲の秘匿義務が課された日本人検閲員への給与は、日本政府から支払われていた。

後復興に欠かせない有能な人材を、復興現場から隔離することにより、日本解体と同時に、アメリカの日本支配がやりやすくなった。

　アメリカは、ハード面においても日本の戦争能力を一掃するため、財閥の解体を命じるとともに、武器生産の可能性を排除する賠償案を突き付けた。賠償案の内容は、陸海軍工廠、航空機、軽金属、ベアリング工場などの軍需設備を全面撤去することに加え、鉄鋼、工作機械、造船、硫酸、ソーダ工場などの重化学工業設備の半分および火力発電設備の半分を撤去するというものである。(5) 軍需物資の生産を可能にする重化学工業を縮小させて日本から軍事能力を一掃し、日本を繊維や雑貨などの軽工業を主体とする、いわば低開発経済へと逆行させせようとしたのである。

敗戦後の苦境

　敗戦時の日本の生産能力は、戦前にくらべて大きく縮小した。人々の生活に必要な財やサービスを生産するには、生産の三要素といわれる土地と資本と労働が欠かせない。土地が農産物を生み出すには肥料が、資本設備を稼働させるためには電力源となる化石エネルギーが、労働者が働くためには食糧と衣料が必要である。戦後の日本は、それらが極端に

（5）大蔵省財政史室（1976）197頁。

不足する危機的状況にあった。

　敗戦によって日本の領土は分割され、朝鮮、台湾、樺太、および南方が戦利品として連合国に召し上げられた。戦後日本の国土面積は、以前の六割弱にまで縮小し、それにともなって多くの資源が失われた[6]。例えば米の場合、戦前の日本は、年間九五〇〇万石の米供給のうち、三割程度を朝鮮と台湾から移入することによって自給していた。しかし、敗戦によってそれらの国土を失うことで、米の国内供給源が激減してしまったのである。

　資産や資本設備についても、戦前に比べて大きく縮小した。かつて日本政府は現地を治めるため、民間企業は現地で生産するため、満州、朝鮮、中国、台湾、南方などに資産をもっていたが、政府が保有していた一九四八年末推計の三五一億円分の資産や民間企業の三二〇一億円に相当する資本設備は、すべて連合国に没収された[7]。

　本土の民間資本設備も、戦時下に軍需用として没収されたり、工場地帯への米軍の空爆で破壊されたりして、著しく減少した。空襲による生産設備の被害率は産業ごとに異なっていたが、火力発電三〇・二％、石油精製五八％、化学工業の硫安五四・一％、苛性ソーダ三五・七％、そして機械工業の工作機械二五％というように、産業構造を形成する上で

（６）詳細については、山崎広明（１９９１）２１０頁の資料を参照。

（７）宣在源（２００２）４８４頁。

重要な地位を占める産業が大きな被害をうけた。[8] 日本の生産設備は、戦前の最高設備能力と比較して、その六〜八割が失われたことになる。

そうした戦禍による資本設備の減少に加え、アメリカが賠償として重化学工業設備を撤去させ始めたことが、日本の設備能力の減少に輪をかけた。運良く戦禍をくぐりぬけ、工業生産の要となるはずの資本設備が、現物賠償品として日本国内から持ち去られていくにつれ、人々の生活に必要な物資さえ供給することが難しくなった。

他方で、戦後の本土人口の増加は、すさまじかった。明治の中期以来、日本政府は、農村の過剰人口問題を解消するため、海外移民を国策として奨励してきた。国内の食糧や資源の不足解消に役立てようと、毎年、日本各地の農村から、人々を朝鮮半島や満州のみならず、北米や中南米へ送り出した。例えば、一九二〇年代のアメリカ本土への移民は、年間千人に達したほどである。[9]

しかしながら、こうした海外への移民の流れが、敗戦によって一気に逆流にかわり、日本の本土人口は激増した。軍隊の解体による復員軍人や海外からの引き揚げ者が本土へ還流し、一九四五年末には、本土人口が七二〇〇万人にふくれあがった。[10] こうした本土人口の激増は、食糧にたいする需要を一気に拡大させた。他方、朝鮮や台湾を失うことで食糧

（8）生産設備被害の詳細については、三和良一（1991）208頁参照。

（9）米山裕・河原典史（編）（2007）51頁。

（10）中村隆英（1978）139頁

の国内供給源が激減した敗戦直後の日本は、未曾有の食糧危機に陥ったのである。[11]

日本政府は、総司令部（ＧＨＱ）に二〇〇万トンの食糧輸入を要望したが、表１に示されたように、一九四六年九月までに輸入された食糧は、その四分の一に当たる六八万三千トン（内小麦・小麦粉が四〇万トン）にすぎなかった。[12] 日本の要望をはるかに下回ったけれども、この輸入食糧の放出によって食糧危機が突破できたと言われている。

国営貿易

アメリカは、日本の経済活動を国際経済から遮断して国内に封じ込めるため、その対外取引を全面的に禁止し、外国為替の取り扱い業務も召し上げた。当時の日本人に最低限の生活を強いたとしても、輸入なしではそれも成り立たない。ＧＨＱの全面的な管理のもとで、貿易庁による国営貿易が始められたのは、一九四五年の秋であった。

当初、民間企業の貿易は認められず、貿易庁が代行してＧＨＱと貿易取引を行った。輸出については、ＧＨＱが外国政府と交渉して輸出先と輸出内容を決定し、これにもとづいて貿易庁が民間企業から買い受けた

表１　戦後の食糧輸入実績（1946年９月末現在）

品　名	数量（トン）	払い下げ価格（千円）
米	16,370	29,466
小麦	299,725	449,587
小麦粉	104,425	208,850
トウモロコシ	87,879	164,043
豆類	16,154	28,270
缶詰	155,293	690,190
ジャガイモ	1,228	160
その他	2,641	（未定）
（合計）	683,715	1,570,566

出所：西川博史（1990）p. 106。

（11）戦後の食糧危機は一九四八年頃まで続いた。一九四七年十月十一日、闇米を口にすることなく配給食糧だけでとおした東京地裁の山口判事が栄養失調で死亡するという事件が発生している。

（12）アメリカ側の事情については、大蔵省財政史室（編）（１９７６）２７４～２８０頁を参照。

輸出品をＧＨＱに売り渡す。輸入については、アメリカ陸軍省が買い付けた食糧や肥料等を、ＧＨＱから貿易庁が買い受け、それを民間企業に払い下げるという方式がとられた。

貿易庁が民間業者と取引するときの円建ての輸出品買上価格や輸入品売渡価格は、ＧＨＱが海外で売買したときのドル建て価格とは全く無関係に、国内公定価格に準拠して決められた。日本の輸出業者は、貿易庁に売った自社の輸出品が、海外で何ドルの値を付けているのか全く知らされていなかったのである。それぞれの輸出品について、貿易庁の円建て価格がＧＨＱのドル建て価格とは無関係に設定されているから、円とドルの為替レートは、商品ごとに異なり、また事後的にしか算定できなかった。

終戦から一九四六年五月末までに貿易庁が取り扱った主要な輸出入品は、次の通りである。[13]

輸入品については、占領軍より石油一〇万キロリットルと食料品一万五千トン、アメリカより米・麦六万一千トン、そして中国より塩八万五千トンというように、ほとんどが食糧と石油で占められている。

これをまかなうための輸出品として、韓国へ石炭四二万トンと機関車五両、香港へ石炭一〇万トン、中国へ枕木一三万六千本と坑木一七万五

(13)　貿易庁「週間輸出入状況速報」の資料を、西川博史（１９９０）１０７頁より参照。

千石、そしてアメリカへ生糸三万一千俵というように、手持ちの在庫や機械が切り売りされた。敗戦直後の日本は、飢餓をしのぐために、復興に必要な石炭やその増産に必要な坑木まで切り売りしなければならず、いっそう深刻な危機状況へ落ち込んでいったのである。

アメリカの政策転換

一九四六年の秋頃からソ連との対立を深めたアメリカは、日本解体を狙った初期の対日方針を見直しはじめた。日本国内に共産主義勢力が浸透するのを防ぐためには、日本に十分な経済力や政治力を持たせる必要があると判断したのである。

こうしたアメリカの対日政策転換の背景には、東西冷戦という国際関係における緊張の高まりだけではなく、対日占領経費の増加という経済的な理由もあった。アメリカ統合参謀本部の対日貿易政策には、日本の貿易収支に赤字が出た場合、陸軍省がこの赤字分を援助することが明記されていた。当初、賠償の名目で重化学工業設備の半数を撤去し、繊維産業などの軽工業に重点を置かせる日本解体政策は、日本のアメリカ依存をますます高め、アメリカの占領経費を増やす原因となった。実際、

貿易収支　輸出額から輸入額を差し引いた値で、プラスなら貿易収支黒字（あるいは貿易黒字）、マイナスなら貿易収支赤字（貿易赤字）と言われる。ただし、財務省の通関統計にある輸出はＦＯＢ（本船渡し）価格、輸入はＣＩＦ（運賃保険料込み）価格で計上される。他方、日本銀行の国際収支統計にある輸出はＦＯＢで同じだが、輸入は運賃保険料を除いてＦＯＢ価格に算定し直されている。使う統計によって輸入金額が違うので、注意しなければならない。

アメリカが占領地域の統治や救済を目的として予算化した対日ガリオア援助は、一九四六年一・一億ドル、四七年三・一億ドル、四八年三・七億ドル、四九年三・九億ドルというように、増加の一途をたどったのである。(14)

日本占領の目的を経済復興に切り替えたアメリカは、重化学工業設備の撤去、財閥の解体、および重要人物の公職追放という日本解体政策をすべて中止した。そして、日本経済の復興と自立を計画するため、新たに使節団を派遣した。(15)その成果が、一九四八年四月にジョンストン報告として提出され、新たな対日政策の裏付けとなった。ジョンストン報告には、次のような構想が描かれている。(16)

日本は機械・金属、化学工業の設備や技術をもっているアジア唯一の国であり、一次産品や繊維等の軽工業を発展させているアジア諸国と補完関係にある。日本は、繊維産業よりは、重化学工業に重点を置き、その生産に必要な原料などをアジア・太平洋地域から供給させる。すなわち、重化学工業に重点を置く日本の復興をアジアの中に位置づけ、日本の経済復興とアジア諸国との貿易拡大を密接に関連づけた構想である。

この報告書に掲げられた日本の貿易振興にかんする提案を列挙すれば、次の通りである。

(14) このガリオア援助は、当時の日本国民の大多数が思っていたようなアメリカからの慈善の贈与ではなく、あくまでも貸与であり、日本政府には後日の返済義務が通達されていた。一九五二年四月に日本が独立国家となったことから、アメリカは同年十月にガリオア援助の返済交渉を日本に申し入れた。長年にわたる交渉の結果、一九六一年十月に日米間で返済条件が合意され、返済額は減額されて四億九千万ドル、一五年返済の利子は二・五%になった。そして日本は、一九七三年五月に繰り上げ完済した。詳細については、法令普及会編集部（１９６２）、入江啓四郎（１９６２）、および大蔵省財政史室（編）（１９９９）６０６~６１３頁を参照。

(15) 日本側でも、経済安定本部が、二年以上、二千人以上の人員を動員して経済復興計画を立案したが、結局、日の目を見ることはなかった。復興計画の詳細は、中村隆英（編）（１９９０）を参照。

(16) 安原洋子（１９９０）22頁を参照。なお、戦時中、郷男爵記念会で一等に選ばれた小島清（１９４４）の公募論文は、アジア諸国の経済発展と貿易構造にたいして日本が担うべき課題を詳細に分析しており、ジョンストン報告の構想と重なる。

日本人の生産意欲をそいでいる賠償を軽減する。
貿易に対する締め付けをやめ、民間貿易を再開させる。
外国為替レートを確定し、貿易を振興させる。
日本のドル不足を補うため、輸入を非ドル地域に振り向ける。
船舶の制限を緩和し、海上運輸を盛んにする。
繊維製品のほかに機械・金属製品の輸出も振興する。
第三国による日本の対外貿易への差別をなくすよう努力する。
日本政府の予算を均衡させインフレを克服する。

ジョンストン報告の提案は、すべてその後の日本の通商政策となって実現された。

民間貿易の再開

日本占領の目的を経済の復興と自立に切り替えたアメリカは、一九四七年九月、まず輸出に限って日本の民間貿易を許可した。

日本の輸出業者は、入国を許可された外国人バイヤーと契約上の詳細について自由に商談することが許されていたが、輸出価格については貿易庁が事前に公表したドル建て価格にしばられていた。制限付きとはいえ、民間輸出貿易が許可されたことから、日本の輸出業者には、遮断されていた海外の市場情報が少しずつ手に入るようになった。しかし、当初の民間の輸出貿易はたいした伸びをみせず、全輸出額の一割程度を占めるに過ぎなかった。その主力輸出品は、雑貨（陶磁器、竹製品、模造真珠、セルロイド製品）、繊維（絹織物、軽量羽二重）、そして農産物（毛皮、冷凍魚）というういわゆる軽工業品であった。[17] 輸出された日本の商品には Made In Japan（日本製）ではなく、Made In Occupied Japan（占領下日本製）と表示された。

日本の輸出増加の必要性を痛感したアメリカは、一九四八年八月、日本の民間輸出貿易を政府が直接介入しない方式に改めた。こうして、民間の輸出貿易は、平時の形態に近づき、決済についても外国為替銀行経由で行われるようになった。そして一九四九年十二月、輸出はＧＨＱや日本政府の承認を必要としない自由取引となり、民間の外国為替銀行への申請だけで承認されるようになった。

他方、民間の輸入貿易は、輸出貿易の場合よりも遅れ、一九五〇年一月から開始された。輸入については、貿易収支赤字対策のために、多くの商品が輸入許可制の対象となったが、日本の政府機関から輸入を許可された輸入業者は、海外の輸出業者と自由に商談を進め、外国為替銀行

(17) 西川博史（１９９０）１４７〜１４８頁。

の承認を得て輸入取引をするという平時の形態を取り戻した。

貿易制度作り

対日政策を転換したアメリカは、一九四八年十二月に「経済安定九原則」を通達した。財政赤字削減のための緊縮財政やインフレ抑制のための金融引き締めに加えて、単一為替レートの設定が基本政策として掲げられた。日本側は1ドル三五〇円のレートを目論んでいたが、調査団長のドッジはこれを無視して1ドル三三〇円のレートをアメリカ政府に提案した。しかし、アメリカ政府は、イギリスのポンド危機対策としてのポンド切り下げを見越して、提案よりもさらに三〇円安い1ドル三六〇」円の為替レートを勧告した(18)。これに従い、大蔵省(現在の財務省の前身)は、一九四九年四月二五日より1ドル三六〇円の公式レートを実施すると告示した(19)。

単一為替レートの設定とともに、大きな問題となっていたのは、為替や外貨の管理を日本へ移管する問題であった。占領下の日本では、外国貿易とその決済(外国為替)が別々に管理されているという、きわめて変則的な状態が続いていた。日本に民間貿易を再開させて円滑な貿易を

(18) 大蔵省財政史室(1976)430頁を参照。仮に、円の対ドルレートを三三〇円に設定した時、ポンドがドルに対して切り下げられれば、日本円はポンドに対して切り上げられることになる。ポンドの切り下げは、日本製品のポンド建て輸出価格を引き上げ、ポンド圏への輸出を抑制する。こうした事態を避けるためには、日本も円の為替レートを切り下げる必要がある。アメリカは、日本の輸出減少が対日政策を阻害することから、ポンド切り下げに備えて、あらかじめ円レートを切り下げさせたのである。

(19) この1ドル三六〇円のレートは、一九七一年のニクソン・ショックの時まで、維持された。

推進していくためには、外国貿易と外国為替の管理、すなわち売買と決済の管理を結び付けることが必要である。GHQは、これについて日本側と共同の委員会を設置して一九四八年十一月に「外国為替および外国貿易管理法」をまとめ、国会通過後の十二月一日に公布・施行させた。これに従い、GHQは一九四九年十一月に、日本の民間貿易を管理する権限をすべて日本政府に移管し、GHQの管理していたドル貨一億三五八一万ドルとポンド貨一九七九万九千ポンドの外貨を日本政府へ移譲した[20]。

そしてアメリカは、一九四九年五月、貿易庁と商工省を統合して通商産業省（現在の経済産業省の前身）を誕生させた。日本の産業行政の方向が、国際経済中心の行政へと転換されたことを示す事態である。

(20) 伊藤正直（1990）357頁。

関税率の全面改定

終戦当時まで、輸入関税については、大正十五年（一九二六年）に作成された関税率表が使われていた。将来許可されるはずの民間貿易に備えて、この大正関税率表は、全面改定する必要があった。税率設定の前提となる物価や生産構造などの経済条件が、戦前と比べて激変しており、戦後の経済的現実に相応しなくなったためである。

　大正関税率表は、税率構造が複雑で統一性を欠いていたと言われるが、その最大の問題は、戦後のインフレと円価値の激減によって、従量税が無力化したことにあった。

　一九五一年一月現在の輸入税率表によれば、総数一七三二品目のうち、有税数は一五四六品目であり、そのうち従量税数は一〇一二品目（六五%）、従価税数は五三四品目（三五%）であった[21]。

　従価税は輸入価格の何%というように、%で表示されており、輸入価格に連動して税額が伸縮する。しかし、従量税は、数量にたいして何円というように税額が固定されているため、輸入品の価格が変動しても税額は変わらない。従量税率は、大正十四年（一九二五年）に1ドル二円八銭～二円十二銭の対ドルレートを基準として設定されていた。昭和二四年（一九四九年）に設定されたドルレートが、1ドル三六〇円だから、大正十四年と比べた従量税率の実質的な税率負担は、円の減価だけで一二四分の一となり，従量税率による税負担はゼロに近い。かくして、この大正従量税は、産業保護にも役立たないし、税収も期待できないものとなった。

　当然のことながら、占領下の日本に関税の自主権はなく、関税率表の

（21）岡茂男（1964）106頁。

改訂は、GHQの管理下で行われた。一九四七年四月末に、GHQの要請で大蔵省が試案の作成を始めたが、海外の経済状況や内外価格差の情報がない状況下で、輸入関税の改正を行うのは極めて難しい問題であった。

一九四八年四月、大蔵省がGHQに提出した改正案は、表2に示したように、税体系が〇%から三五〇%までの九段階に分類されていた。GHQは、大蔵省に税率引き下げを要求しつづけ、何度も改正案の変更を迫った。そして、GHQの引き下げ要求をすべて満たした最終案が、一九五一年一月に承認された。GHQが、大幅引き下げを要求した品目は、いずれもアメリカ巨大輸出産業の生産物である。アメリカは、自国農業の利益のために日本の食糧自給率維持の必要性を否定し、アメリカ石油産業のために日本の精油業保護を否認し、アメリカ自動車産業の部品輸出のために自動車部品税率の引き下げと完成車税率の引き上げを指示したのである。[22]

関税率改訂の最終案は、後日、国会で承認され、一九五一年五月一日より実施された。新たな関税率体系は、産業保護の考慮はあるけれども、税率水準は極めて低く抑えられた。日本がガット加入を果たすためには関税引き下げが必要であるが、この新たな日本の関税率は、ガット加入

表2　大蔵省第一次改正案の税分類

1、無税品（日本で生産なしか、不足のもの）
2、5%税（日本で生産なしか、不足のもの、または行程の簡単なもの）
3、7.5%（中間材料や綿糸類）
4、10%（保護を要する食糧と材料用の製品や半製品）
5、15%（製品や半製品）
6、20〜30%（全製品）
7、35〜40%（特別保護品と贅沢品）
8、50%（贅沢品）
9、350%（特殊事情品の煙草）

出所：岡茂男（1964）p. 106。

(22) 岡茂男（1964）135〜136頁。

のための引き下げ交渉の余力を持てないほど低い税率といわれた。(23)

(23) 岡茂男（1964）142頁。

Ⅱ　国際社会への復帰

日本の独立

一九五〇年の朝鮮戦争を引き金に、アメリカでは日本の独立を早めようとする機運が高まった。一九五一年九月八日、サンフランシスコにおいて日本の独立を認める講和条約（正式には「日本国との平和条約」）が締結され、同日、日米安全保障条約も締結された。これは、日本の国際社会復帰を急ぐアメリカ国務省と、日本における米軍の駐留にこだわるアメリカ国防省の意向を共に満たす条約であったが、日本からみても、自国の防衛を米軍にゆだねることで軍事費を節約し、経済の復興と発展のために専念できる好都合な条約と判断された。この講和条約は、一九五一年十一月一八日に国会で承認され、翌年の一九五二年四月二八日に発行した。日本は、この日をもって独立国に復帰したのである。

ブレトンウッズ協定　連合国の代表であるアメリカは、各国の通貨切り下げ政策とブロック政策が第二次世界大戦の主要な要因となったとの反省から、自由・多角・無差別の三原則にもとづく国際経済秩序を構築しようとした。これを具体化したものがブレトンウッズ協定で、通貨の切り下げ競争を防止しＩＭＦ（国際通貨基金）と、各国の通貨価値や為替レートの安定を目的としたＩＭＦ（国際通貨基金）と、輸入規制を緩和し自由貿易体制の推進を目指したＧＡＴＴ（関税および貿易に関する一般協定）が誕生した。

アメリカが占領下に形作った通商の枠組みを継承しながらも、独立後の日本は、アメリカの事前承認手続きを経ることなく、政策の立案実施が可能となった。自国の安全保障を外国にゆだね、外国の軍隊を常駐させているという意味で、完全な独立国とは言えないけれども、実施される日本の政策が、アメリカの国益を目的とするものではなくなったという意味で、占領から解放されたと見ることができる。

ＩＭＦへの加盟

敗戦後に孤立した当時の日本にとって、国際機関や国際協定に加盟して国際社会に復帰することが、当面の最重要課題であった。ＩＭＦ（国際通貨基金）は、一九四七年から業務を開始していた。日本は、一九五一年八月に加盟を申し込んだ。しかし、占領下の日本には外交権がないため、連合国最高司令官マッカーサーによる申請が副えられた。

翌一九五二年一月、ＩＭＦから日本へ出資割当額を二億五千万ドルとする内示が届けられた。ＩＭＦへの加盟の際、最も重要な条件は出資割当額である。この割当額は、国が国際収支の赤字に陥ったとき、基金から借り入れできる借入限度額（割当額の二倍まで）を規定するだけなく、

表3　IMF設立当初の主要国の割当額（1945年12月）

アメリカ	2,750	ベルギー	225
イギリス	1,300	ブラジル	150
*ソヴィエト連邦	1,200	*チェコスロバキア	125
中華民国（台湾）	550	ポーランド	125
フランス	450	南アフリカ連邦	100
インド	400	メキシコ	90
カナダ	300	ユーゴスラヴィア	60
オランダ	275	ニュージーランド	50

注：単位はＵＳ百万ドル、*印は後日IMFを脱退または除名。
出所：堀江薫雄（1962）pp. 291-292。

票決権や常務理事の選出にも影響した。割当額は、加盟国の国際的な地位を表していた。

表3に示された設立当初の各国割当額をみれば、アメリカ二七億五千万ドル、イギリス十三億ドル、中華民国五億五千万ドルというように、連合国内における各国の勢力関係が推察できる。後日、日本と同時に加盟した西ドイツへの割当額が三億三千万ドルだったのに対し、日本へは二億五千万ドルと、ドイツよりも低い評価しか与えられなかったことに、当時の大蔵官僚達は相当がっかりしたようである。

ＩＭＦの通貨や為替の安定業務は、各国間の貿易や産業の利害対立に直結せず、取引の利便性をはかるものであったことから、日本の加盟に対する諸外国の反対はまったくなかった。一九五二年四月二八日に独立を果たした日本は、翌五月二八日に開かれた第三回ＩＭＦ年次総会で、国際収支困難を理由として輸入制限が認められるＩＭＦ十四条国としての加盟が承認された。そして八月十三日、駐米大使がワシントンで署名して日本のＩＭＦ加盟が実現した。日本のＩＭＦへの加盟は、諸外国の抵抗もなくすんなりと果たされた。これに比べて、日本のガット加入は、連合国ナンバー2の地位にあったイギリスの頑強な抵抗にはばまれ、きわめて困難な道のりとなった。

ガットへの仮加入

ガット（関税および貿易に関する一般協定）は、加盟国の間で関税やその他の貿易障害の軽減を図り、国際通商上の差別待遇の廃止を目的として、一九四八年一月一日に発効した。

日本がガットへの加入に求めたものは、国際社会への復帰であり、当時の世界貿易の八割を占めた原加盟二十三カ国との貿易取引における最恵国待遇（無差別待遇）の獲得であった。同じ敗戦国のドイツは、一九五一年六月にガット加入と最恵国待遇の確保を容易に果たしえたけれども、日本は、ガットへの加入のみならず、加入後の差別待遇を解消するために、相当な年月と労力を費やした。

対日政策を転換したアメリカは、日本のガット加入を強力に支援した。ふくれ上がる占領経費を抑えるためにも、日本の輸出拡大を期待できる日本のガット加入が必要だったのである。

アメリカは、一九四八年の第一回ガット総会で、日本にたいして最恵国待遇を与える提案をしたが、国家主権のない被占領国に関税交渉権はないとして否決された。その後もアメリカは、ガット総会の度ごとに日

表4 世界の綿織物輸出

	1927年	1928年	1929年	1930年	1931年	1932年	1933年
イギリス	4.117	3.886	3.672	2.407	1.716	2.198	2.032
日本	1.364	1.419	1.791	1.572	1.414	2.032	2.089
その他	2.489	2.502	2.414	1.889	1.668	1.352	1.231
世界合計	7.970	7.787	7.877	5.868	4.798	5.582	5.352

注：単位は100万平方ヤード。
出所：Lawrence, O. L.（1934）pp. 170-171。

本の加入を訴えたが、なかなか実現しなかった。

この日本のガット加入に真正面から反対し続けたのが、イギリスだった。イギリスの綿織物産業は、表4に見られるように、すでに戦前から輸出量の低下に悩まされていた。一九三〇年代には、日本の綿製品輸入を抑えることができず、ランカシャー経済が苦境に追いやられた経緯がある。英連邦特恵関税制度を構築して連邦外からの輸入を抑制した一九三二年には、一時的に輸出が伸びたけれども、イギリスの綿織物産業は凋落の一途をたどり、国内には深刻な過剰設備を抱えていた。[24] このような状況において、日本の繊維産業を利することになる日本のガット加入は、衰退しつつあるイギリス繊維産業とその対処を余儀なくされるイギリス政府を苦しめることになる。こうしたイギリスの悲観的予測が、日本のガット加入に反対する主要な理由であった。

そして、対日輸出という視点からみても、日本市場には魅力がなかった。当時の日本の輸入は、その八割以上が食糧や工業用原材料で占められていた。それらの関税率はゼロか極めて低い税率であるが、イギリスの輸出対象品目ではない。輸出対象になり得る日本の製品市場については、製品輸入割合が総輸入の二割足らずしかなく、それらの関税率は引き下げ余地がないほど低い。ガット関税交渉によって関税率が多少引き

（24） Aggawal（1985）によれば、イギリス繊維産業の過剰設備は、年々増加し、一九六四年には七五％を超えるほどになった。

下げられたところで、イギリス製品の対日輸出増加が期待できる見込みはほとんどない。イギリスの産業界にとって、日本をガットに加入させる価値はなかったのである。(25)

　一九五三年五月、ガットの事務局長が、正式加入方式によらない仮加入という別の加入方式を考案した。仮加入国は、一定品目の関税据え置きを約束し、仮加入を賛成した国からは通商上の最恵国待遇があたえられるが、関税引き下げ交渉は行えないという暫定的な加入方式である。

　一九五三年十月、賛成二六カ国、棄権七カ国により、日本のガット仮加入が承認された(26)。これまでのガットの歴史の中で、仮加入の地位を経験した国は、日本以外にはない。

正式加入と対日差別

　ガットの正式加入には、他国との事前の関税交渉が必要な条件として課されている。加盟国が日本との関税交渉に応じなければ、日本は正式加入を果たすことができない。

　一九五四年七月、アメリカは、日本の正式加入条件を満たすため、「日本に対して実質的な関税引き下げ交渉を行う国に対しては、アメリカ自

(25) ただ、イギリス政府は一枚岩だったわけではない。赤根谷達雄（１９９２）によれば、イギリス繊維産業を所管する貿易省と英連邦省は、国内政治上の配慮を優先して、日本加入決議に棄権すべきと主張した。これに対して、大蔵省と外務省は、国際政治の視点から、日本のガット加入を拒否することは、貿易の多角化と通貨交換性の回復という目標やガットの精神と相容れず、日本を英米に敵対する共産主義陣営に追い込む恐れがあるとして、日本のガット加入を歓迎する立場をとっていた。戦後復興の途上にあった当時のイギリスは、安全保障よりも伝統産業の利益を優先したのである。

(26) 棄権したのは、イギリスと白人系英連邦諸国（オーストラリア、ニュージーランド、南アフリカ連邦、およびローデシア）、チェコスロバキア、およびビルマの合計７カ国（ただし、ビルマは翌日賛成にまわった。）である。

表5　日本の対米関税譲許（主要なもの）

	旧税率	ガット税率
合成繊維原料	30%	22.5%
合成繊維織物	25%	22.5%
乗用自動車	40%	35%（大型・中型のみ）
航空機（4発以上）	15%	10%
ラジオ受信機	20%	18%
テレビ受像器	30%	25%
カメラ	40%	30%
置き時計・掛け時計	30%	27%
自動車用タイヤ	30%	25%（空気入りのみ）

出所：内田宏・堀太郎（1959）p. 41。

表6　アメリカの対日関税譲許（主要なもの）

	旧税率	ガット税率
陶器		
食器	10¢／ダース＋45%	10¢／ダース＋25〜40%
食器以外	10¢／ダース＋35〜50%	10¢／ダース＋25〜30%
綿織物		
未漂白	10.35〜41.5%	7.75〜27.5%
漂白	13.35〜44.5%	10.25〜30%
染色	16.35〜47.5%	12.25〜32%
玩具		
金属製	1¢／ダース＋50〜60%	1¢／ダース＋30%
陶磁器製	70%	35%
ゴム製	50%	35%

出所：内田宏・堀太郎（1959）p. 40。

身がその国の欲する関税を引き下げる用意がある」との意向を表明し、日本の正式加入を強力に支援した。アメリカは、国内産業からの反対にもかかわらず、自国の関税を引き下げたのである。表5と表6にみられるように、アメリカが日本に要求した関税引き下げ品目は、合成繊維原料、航空機、自動車など主に重化学工業品であり、日本がアメリカに要求した関税引き下げ品目は繊維、陶器、玩具などの軽工業品であった。こうしたアメリカの関税引き下げ措置が、後日、日米間の貿易摩擦につながっていくのである。

日本は、アメリカの強力な支援のおかげで加盟各国との関税交渉が実現でき、一九五五年九月一〇日、国際収支赤字を理由に輸入制限が認められるガット十二条国としての正式加入が満場一致で認められた。しかし、表7にあるように、イギリスやフランスなど加盟国の内の十四カ国は、ガット第三五条を援用し、日本へのガット規定の適用を拒否した(27)。対日三五条を援用している国は、日本からの輸入に対してのみ、低いガット税率を適用せず、差別的な高関税を課し続けることになる(28)。

日本は、対日差別解消のためにガット加入を目指したけれども、加入後も主要国からの対日差別をなくすことはできなかった。こうして、対日三五条の援用撤回が、ガット加入後の日本の重要な政策課題となったのである。

対日差別の解消

欧州諸国が対日差別をなかなか解かない主な原因が、かつての綿織物輸出について日本に苦戦を強いられた経験にあったことから、日本綿糸布輸出組合は、欧州向け綿織物輸出の急増を避けるため、正式加入の翌年から、輸出規制をはじめた[29]。それでも、欧州諸国の対日差別はなかなか撤廃されなかった。

実現したのは一九六〇年代に入ってからである。六〇年代には、綿製品に関する国際的な貿易規制である短期取り決め（一九六一年十月から一年間）や長期取り決め（一九六二年十月から五年間）によって世界各国の綿織物輸出が包括的に規制され、イギリスや西欧諸国は、特に日本からの綿織物輸入を完全に押さえ込むことができるようになった。他方で、目覚ましい経済成長によって急拡大した日本市場は、政府の輸入自由化政策とあいまって、対日輸出拡大の可能性を期待させた。日本へのガット三五条の適用を撤回したほうが有利と見たのである。

表7のように、イギリスは一九六三年、西欧諸国は一九六四年に対日

表7　対日35条援用国（主要な国のみ掲載）

	援用日	撤回日
西欧地域		
ベルギー	1955. 8 . 8	1964.10.21
フランス	1955. 7 .20	1964. 1 .10
オランダ	1955. 8 .10	1964.10.21
イギリス	1955. 8 . 8	1963. 4 . 9
その他地域		
オーストラリア	1955. 8 .24	1964. 5 .27
ブラジル	1955. 8 . 8	1964.10.21
インド	1955. 8 . 3	1958.10.16
ニュージーランド	1955. 8 .23	1962. 3 .19

出所：羽澄光彦（1971）。

(27) かつての日本の同盟国イタリアと西ドイツ、そして日露戦争後にロシアの圧政から解放されたスウェーデンは、対日差別条項を援用しなかった。

(28) この他にも、五〇年代後半から六〇年代前半にかけて独立したイギリスやフランスの旧植民地三〇カ国は、ガット加入時に、旧宗主国の権利を継承して自動的に対日三五条を援用した。

ガット三五条（特定締約国間における協定の不適用） 第一項　この協定またはこの協定の第二条の規定は、次の場合には、いずれかの締約国と他の締約国との間には適用されないものとする。

（a）両締約国が相互間の関税交渉を開始しておらず、

三五条の適用を撤回した。

しかしながら、イギリスや西欧諸国は、三五条適用の撤回と引き替えに、それぞれ日本と通商条約を結び、日本からの輸入品にたいして輸入規制を実施することを日本に認めさせた。イギリスや西欧諸国の対日差別は、ガット三五条援用の撤廃によって表向きには解消されたように見えるけれども、個別の通商条約の中に盛り込まれて温存された[30]。

かつ

(b) 両締約国の一方が締約国となる時に、そのいずれかの締約国がその適用に同意しない場合。

(29) 一九五六年四月から欧州向け生地綿織物にたいして実施された輸出規制は、比例取引制とよばれた。これは、田和安夫(編)(1962)333頁によれば、欧州を六地域(イギリス、ベネルクス三国、西ドイツ、スイス、オーストリア、スウェーデン、その他諸国)に分け、輸出業者の各地域向け輸出比率を、過去の輸出実績で割り当てるものである。超過した場合には、罰金が課された。

(30) 大蔵省関税局国際課(1964)によれば、ガット三五条援用の撤廃と同時に、通商条約や通商協定の付属書に記載された各国の対日差別制限品目数は、例えばイギリス七九品目、フランス九一品目、ベネルクス三三品目であり、当初から三五条を援用していない西ドイツやイタリアも日本との付属合意書のなかで、それぞれ一一六品目を対日差別的な輸入制限品目としている。主要な制限品目は、繊維品、陶磁器、洋食器、ミシン、ラジオ等である。

Ⅲ　貿易赤字とその対策

戦後貿易赤字の必然性

戦後日本の貿易収支は、図1にみられるように、大幅な赤字が続いていた。占領下の貿易赤字は、アメリカが穴埋めすることになっており、GHQはこの援助負担を減らすため、貿易赤字対策を日本に強く要求した(31)。貿易収支の均衡は、占領下の日本が経済的自立を達成するための目標であるだけでなく、政治的独立を果たすための条件とも考えられていた。

そもそも、戦後の深刻な物不足と貿易赤字の最大の原因は、本土人口の急増による需要増加と、国土および資本設備の激減による国内生産の縮小にあった。増え続ける人々の生活に必要な最低限の物資さえ供給できず、輸入への依存が高まって、貿易赤字をふくらませたのである。

戦後の深刻な過剰人口問題に直面した日本政府は、独立後まもなく、

図1　日本の貿易収支（1950-65）

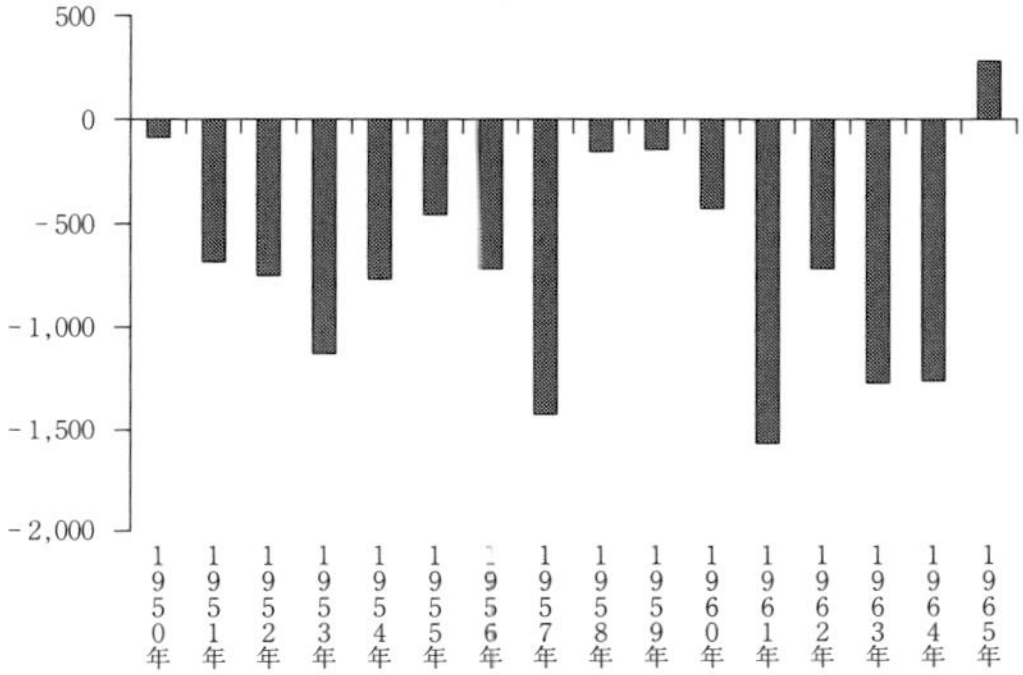

注：単位は100万ドル、通関ベース。
出所：『外国貿易概況』。

（31）竹前栄治・中村隆英（1997）の付録24に、GHQが日本政府に厳しい輸入統制を要求した事実が示されている。

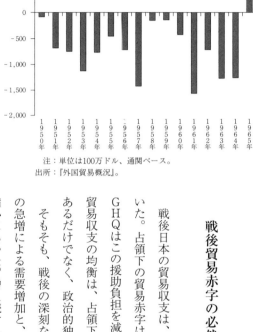

急増した本土在住の人口を減らすため、海外への移民送り出しを再開した。これを担当した外務省は、一九五三年九月以降、三回にわたって移民計画を実施したが、実際にブラジルなどの中南米へ渡った移民の数は、一九五二年度から六五年度までの十三年間で五七万五三九七人と目標にはほど遠かった。[32] 若槻泰雄（２００１）を見るかぎり、海外へ渡った日本人移民は、移民というより、むしろ棄民のように扱われている。

こうした海外への移民による本土人口の増加抑制策は、物不足対策の役に立たないわけではないが、根本的な解決策にはならない。物不足と貿易赤字を根本的に解消するためには、失われた資本設備を回復し、国内の生産能力を高めることが必要であり、これが戦後日本の最優先課題となった。

物不足と貿易赤字の解消問題を迫られた日本政府は、一方では繊維や鉄鋼などの旧産業の復興を急ぎ、他方では外貨手取り率の高い（出来るだけ輸入原料に頼らない）将来の輸出産業を重点的に育成しようとした。重点産業として選ばれたのは、合成繊維産業、電子産業、そして自動車産業であった。

（32）若槻泰雄・鈴木譲二（１９７５）１８５頁。

輸出促進策

深刻な貿易赤字に悩まされ続けていた戦後の日本は、輸入についてはできる限り抑制すると同時に、輸出については、促進のための様々な奨励政策をうちだした。輸出に貢献した企業に金融・税制上の優遇措置を与え、企業が直面する輸出環境を改善することで、企業の輸出意欲を駆り立てようとしたのである。

一九五三年に実施された輸出企業への税制上の優遇措置は、輸出振興税制とよばれている。輸出に貢献した商社やメーカーにたいして減税という恩典を与えることにより、商品の販売先を国内よりも海外に向かわせようとするものである。(33)商品の販売先を切り替えることで納める税金が減額されるわけだから、商社やメーカーの輸出意欲は、大いにかき立てられた。

金融面の輸出促進策は、低利融資である。輸出業者による短期の輸出貿易手形は、日本銀行によって低金利で買い取られたし、プラント輸出など長期資金については、日本輸出入銀行が低金利の資金を貸し付けた。全国の郵便局からあつめられた郵便貯金が、日本輸出入銀行の貸付資金

(33) この目的で、一九五三年に輸出所得控除制度、輸出損失準備金制度、および海外支店用資産の特別償却制度が創設された。輸出所得控除制度は、輸出業者と輸出品生産者にたいして輸出取引額の一定率の所得控除を認める制度、輸出損失準備金制度は貿易商社にたいして輸出契約額の一定額を輸出損失準備金として損金算入することを認める制度、そして海外支店用資産の特別償却制度は海外支店等の建物、設備、その他の資産について短期の特別償却を認める制度である。ただし、輸出所得控除制度は、ガット十六条の輸出補助禁止規定にふれるため、日本がガット十一条国に移行した一九六三年の翌年に廃止された。そして廃止された輸出所得控除制度に替わり、類似の機能を果たす「輸出割増償却制度」と「海外市場開拓準備金」が創設された。詳細については、寺村泰（１９９０）および寺村泰（２０１０）を参照。

プラント輸出　生産設備やその据え付けまで含めて工場（プラント）ごと輸出するものをいう。製鉄プラント、発電プラント、繊維プラントなど機種は様々である。一件あたりの金額が大きいため、代金の支払は、通常、長期の延べ払いになる。

に回され、輸出に貢献する企業に、国内金利よりも低い金利で貸し出されたのである。(34)

政府は、企業の直面する輸出障害を取り除くため、一九五〇年に輸出保険制度を制定した。輸出には様々な危険が伴う。仕向地で輸入や為替取引が制限されたり、戦争や内乱に巻き込まれたりして輸出代金が回収できない場合、民間の保険では損害補償の対象とならない。日本政府は、そうした場合の損害を輸出保険制度によって補償することで、商社やメーカーが安心して輸出できる環境を整えた。

さらに、一九五四年に設立されたジェトロ（ＪＥＴＲＯ日本貿易振興会）の役割も見逃すことができない。ジェトロは、輸出振興のため海外市場を開拓する目的で設立され、海外市場調査、国際見本市、海外広報宣伝、貿易斡旋などの事業を展開した。外国との直接取引を遮断されていた日本商社が、もっとも必要としたのは、海外市場にかんする情報であった。ジェトロは、海外の市場や商品市況にかんする情報を調査・提供し、商社の輸出活動を支援したのである。一九五八年にはニューヨーク、サンフランシスコ、カイロ、トロントの４カ所にジャパン・トレード・センターを設置し、一九六五年までにはそれを十六カ所に増やした。

(34) 郵便貯金については忘れがたい思い出がある。一九五七年、当時小学二年生の頃、毎月決められていた貯金の日に、学校へ貯金通帳とお金を持っていくことを忘れてしまった。貯金の日は、朝、担任の先生に通帳とお金を渡し、帰りに先生から通帳を受け取ることになっていた。それを忘れた私は、「おまえの家は、十円の金も貯金できんのか」とこっぴどく叱られた。学校の勉強とは関わりないことで叱られたから、今でも記憶に残っている。当時の大蔵省は、全国の小学生を通じてお金を集めなければならないほど、必要な原資の獲得が追いつかなかったのであろう。

財政投融資　日本全国から集められた郵便貯金や国民年金などが、大蔵省（現財務省）の資金運用部に一括され、財政投融資資金として、政府系の金融機関や公団をつうじ、輸出の促進に加え、各地のインフラ建設、中小企業対策、教育・福祉・医療といった生活環境整備のために融資されていた。この制度は、市場メカニズムが働かないから無駄を生むという理由で、また米系金融機関の妨げにもなることから、二〇〇一年四月に廃止された。

輸入抑制策とその副作用

貿易赤字の解消を最重要課題とした日本政府は、輸出を促進させると同時に、輸入は可能な限り抑制する方針を立てた。このために実施された輸入抑制策は、為替管理政策と呼ばれる政策で、輸入数量そのものを制限する政策だから、その抑制効果は絶大であった。

しかしながら、よく効く薬が人体に良からぬ副作用をもたらすように、この輸入制限政策も経済に重大な副作用をもたらした。[35]

例えば、戦後最大の輸入シェアをしめた綿花の輸入にも数量規制が適用され、毎年度の輸入量が決められた。輸入綿花を原料とする紡績会社には、所有する設備と輸出実績にしたがって綿花の輸入量が割り当てられた。各紡績会社は、自社への輸入割当を増やすため、競って設備を増設し、その輸出を請け負っていた商社は、輸出実績を積み上げるため薄利多売に走った。この結果、紡績業界では生産に使われない不要な設備が設置され続け、紡績業界も、それを管轄する通産省も、長年にわたってこの過剰設備の処理に悩まされた。

そして、輸出実績に基づく割当方式は、綿織物の値下げ輸出を誘発し

(35) 綿花の輸入規制にかんする副作用については、山田正次（2011）を参照。

た。綿織物の輸出数量は増えたけれども、輸出単価が下がったために輸出金額が伸びず、貿易赤字解消の役に立たない結果を生んでしまった。思惑が外れた通産省は、紡績会社毎に輸出実績割当の上限を設定して、輸出綿製品の値下がりを抑えようとしたほどである。

原油の輸入にも数量制限政策が実施された。原油の輸入規制は、貿易赤字対策と同時に、石油精製業以外の産業への効果が期待されていた。石炭産業の保護である。輸入規制によって原油が品薄になれば、石油が値上がりし、エネルギー需要は割安となった石炭へ向かうはずだからである。政府は、輸入エネルギーへの依存を減らして貿易赤字の縮小に役立て、大量の労働者を必要とする国内炭鉱に失業者を吸収させることによって、深刻な失業問題を解消しようとしたのである。九州、東北、そして北海道で採掘された石炭を消化するため、国鉄（現在のＪＲの前身）は電化を遅らせて蒸気機関車を走らせ、電力会社は石炭火力発電所を増設していき、小学校では石炭ストーブが使われた。

原油の輸入数量制限は、確かに当初の目的を果たしたが、やはりいくつかの副作用を生んだ。綿花の場合と同様、輸入原油を石油精製企業の製油能力に応じて割り当てたため、石油化学業界でも過剰設備問題が発生したのである。[36] そして原油の輸入規制による副作用は、自動車産業に

（36）宮田満（１９９０）１８７頁。

も及んだ。輸入規制によってガソリン価格は高騰を続け、自動車の売れ行きに水を差したのである。[37] 政府は、自動車産業を将来の重要産業と位置づけて育成を図ったけれど、原油の輸入規制は明らかにそれと矛盾する政策である。解消を迫られている貿易赤字と失業への対策は、将来のための政策よりも優先されなければならなかったのである。[38]

関税率の改正

ＧＨＱの管理下で全面改訂された一九五一年の関税率表は、すでに述べたように、きわめて低い税率水準に抑えられた。そしてその後のガット加入交渉の過程で、日本の関税率はいっそう引き下げられた。関税の輸入抑制効果が極端に弱められたことから、日本が貿易赤字対策として使える輸入抑制策は、もっぱら輸入制限政策に限られた。

しかし、五〇年代の後半になると、西欧諸国からの自由化要請が強くなり、輸入制限政策を続けることが難しくなってきた。日本は、貿易赤字対策や特定産業保護のために実施する対策を、輸入制限政策から関税政策へと切り替えるため、一九六一年に関税率の大改正を行った。

占領下で全面改訂した五一年の時とはちがい、独立後の日本は、自ら

(37) 橘川武郎（１９９２）４３７頁によれば、ガソリンの一kℓ当たり小売価格は、一九四六年一月の一二〇〇円から、三三二二円（四七年四月）、一万四〇〇〇円（四八年六月）、一万七二〇〇円（四九年四月）、二万三〇〇〇円（五一年一月）にまで高騰し続けた。

(38) 後に、こうした事態は、中近東で大油田が発見されたあと一変した。世界的な原油供給の急増による輸入原油価格の値下がりが、日本の主力エネルギーを輸入原油に転換させ、石炭産業を縮小させた反面、自動車産業の成長に寄与したのである。

の基本方針にしたがって関税率表を改正することができた。改正にかんする七つの基本方針は、傾斜関税方式と産業保護の目的を打ち出しており、次のように要約できる[39]。

一、加工度が上がるにつれて税率を高くする。

二、生産財には低く、消費財には高くする。

三、国内で生産が不足するものや供給増の見込みのないものは低く、十分な供給能力があり、輸入と競合するものは高くする。

四、将来発展の見込みある産業の製品は高くする。

五、成長した産業の製品は、その原材料と共に低くする。

六、停滞産業や衰退産業には、転換をスムーズにする限度内で高くする。

七、生活必需品には低く、奢侈品は若干高くする。

新関税率の総品目、二二二三品目が見直され、据置きが一五九六品目、引上げが二五一品目、引下げが三八六品目であった。産業保護のために据置きまたは引上げされた品目の多くは、農産物と将来の産業構造上の重心をなすと考えられた重化学工業品であった。重化学工業品の中で、機械類（工作機械、電動機、電子計算機）は一五％から二五％へ引上げ、自動車は三〇～四〇％で据置き、合成繊維は二五％に据置きされた。農

（39）日本関税協会（１９６１）１２４～１４４頁を参照。

産物については、酪農品のバターやチーズ等二五〜三五％が四五％に引上げ、コーヒーは国産茶との競合のため三五％に据置き、国産てんさい糖の保護のため原料糖は1kg四一円五〇銭の従量税（従価換算で一三四％）という高い税率が課された。酪農品と砂糖の高関税は、北海道や沖縄を支援するために現在まで維持されている。

貿易自由化

日本が、一九五九年にＩＭＦとガットの総会を東京に招致したとき、いずれの総会の場でも、加盟国から厳しい批判の声にさらされた。日本は、奇跡的な復興と発展を遂げたにもかかわらず、いまだ保護貿易を続けているという批判である。こうした西欧諸国からの批判に応えるだけでなく、西欧諸国の根強い対日貿易差別を解消するためにも、日本は、自由貿易への転換が必須と考え、一九六〇年に「貿易・為替自由化大綱」を閣議決定し、通商政策を大転換した。これは輸入数量制限を撤廃していく道筋を示したものである。

輸入が自由化された品目は、政府の許可なしに、輸入することができる。一九六二年には輸入額の九〇％が自由化された。例外は、特定農産

図２　日本の貿易収支（1965-81）

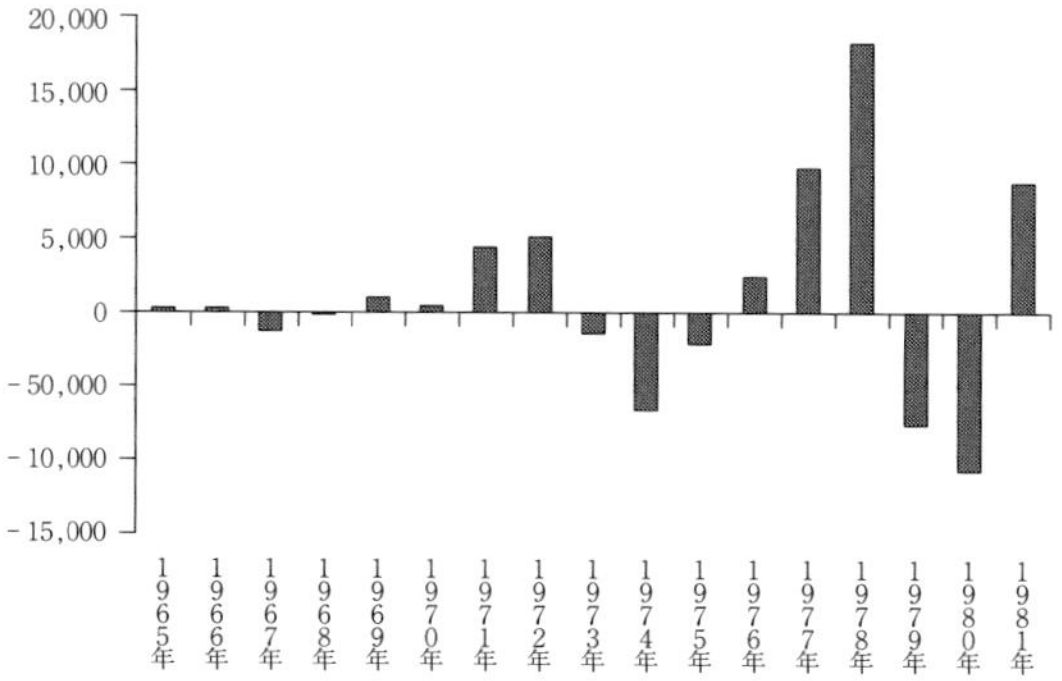

注：単位は100万ドル、通関ベース。
出所：『外国貿易概況』。

物、自動車、そして電子計算機などであるが、これらの品目も後に自由化されていった。自動車は一九六五年、電子計算機は一九七三年、牛肉・オレンジは一九九一年に自由化された。

自由化によって輸入規制が撤廃されるということは、日本の企業や産業にとって、外国企業との競争が、激しくなることを意味する。一部の経済学者やメディアは、自由化に反対の様相をみせた。

しかしながら、六〇年代の日本には、国内経済の視点からみても自由化を必要とする事情があった。その一つは、旺盛な経済成長にともなう労働力不足である。当時の日本は、もはや海外へ移民を送り出す必要がなくなるほど、多くの企業や産業が働き手の不足に悩まされていた。西ドイツのような外国人労働者の輸入政策が検討されたほど、労働力不足は、深刻だったのである。こうした状況において、国際競争力の弱い非効率な労働集約産業を保護することで温存し、そこに多量の労働者をかかえておくことは許されなかった。競争力のある成長産業に労働者を供給するためには、非効率な産業への保護をやめて、そこから労働者をはき出させる必要があったのである。

そして、図2にみられるように、深刻だった日本の貿易赤字が、六〇年代に縮小しはじめたことも、輸入規制の必要性を弱めた。六〇年代後半には貿易収支が黒字化したことから、貿易赤字対策としても輸入規制は不要となった。

日本は、こうした経緯をたどり、六三年には国際収支困難を理由とする輸入制限が認められないガット十一条国へ移行し、六四年には同じ理由でＩＭＦ八条国へ移行することで、先進国の仲間入りを遂げたのである。

Ⅳ　輸出自主規制

アメリカの立場

　アメリカが、自国の貿易政策を策定し実行に移す権限は、政府ではなく議会が持っている。貿易は国内の雇用や企業の収益に直接関わる問題を引き起こすことから、議会では利益団体によるロビー活動が活発に展開されることになる。産業界や労働組合は、伝統的に保護貿易主義者の集まりで、彼らの利益を代弁するアメリカ議会は、当然のことながら保護主義の色彩が強い。実際、アメリカ議会は、自由貿易を掲げたガットを承認しなかったし、六〇年代初頭まで、ガットに参加すべき根拠はないと主張し続けた。アメリカは、結局ガットの正式メンバーにはならず、それを政府の行政協定と位置づけていただけである。(40)

　アメリカが、国際交渉の場で他国に輸入規制を緩和・撤廃させる役割

(40) 中川淳司・清水章雄・平覚・間宮勇（2012）87頁によれば、議会の承認を得られなかったガットの条項は、アメリカ国内法との優位関係が不明確であったが、連邦裁判所により国内法には優越しないと判断された。アメリカ国内では、ガットの何らかの条項がアメリカの国内法に抵触する場合、アメリカ国内では効力を持たないのである。

を果たす一方で、自国の輸入は制限を強化するという行動をみせたのは、自由貿易の推進を国益とする政府と、企業や産業の利益を支援する議会が並存しているためである。

一九五〇年、アメリカは、西欧諸国への経済援助（マーシャル・プラン）と引き替えに、加盟国の三分の二以上の賛成を得て、農産物輸入に関するガットのウエーバー（第十一条にかかる義務の免除）を取り付けた。ウエーバーを獲得した品目は、ガットのお墨付きのもとで、堂々と輸入規制することができる。

他方、アメリカは、工業製品についてウエーバーを取り付けなかった。アメリカの製造業は、日本や西欧諸国のライバル企業が受けたような戦禍を全く受けなかったし、その多くが戦争景気で利益を得、外国との競争にさらされて危機に陥る産業はほとんどないと思われていたからである。[41] しかしながら、日本や西欧諸国が経済復興を遂げるにつれ、徐々に競争力を失いはじめたアメリカ工業製品の生産者や労働組合は、議会を通じて保護要求を強めていった。対外交渉によって行き着いた先は、アメリカ自身による輸入規制の強化ではなく、相手国に対米輸出を規制させる輸出自主規制であった。

（41）レイモンド・ヴァーノン（1983）17頁。

綿製品の輸出自主規制

急速な経済復興とその後の経済成長とともに、日本の工業製品は生産と輸出を飛躍的に進展させ、産業構造の高度化に従って、時代ごとに主役となる輸出品が順次交代していった。五〇年代には綿製品、六〇年代には鉄鋼や合成繊維、七〇年代にはカラーテレビ等の家電製品、八〇年代には自動車が、日本の主力輸出品となったが、それらは、ことごとく対米輸出自主規制の対象となった。

とりわけ五〇年代の綿製品輸出にかんする自主規制は、それ以降の自主規制の先例となったから、そのいきさつを振り返ってみよう。

対日政策を転換したアメリカは、日本市場をアメリカ産品の余剰のはけ口として位置づけた。アメリカ政府は、国内の綿花生産者の利益を確保するため、綿花を高値で買い取る価格維持制度を続けていたが、これが綿花の過剰在庫を積み上げる結果となった。政府は、そうした綿花の過剰在庫を解消するため、綿花輸出に補助金を出して値下げ輸出を計るとともに、[42]占領下の日本紡績業界がアメリカ綿の輸入を増やすことができる条件を整えた。一九五〇年、日本の綿紡績業を縛っていた設備増設

（42）田和安夫（編）（1962）806頁。そして、Textile Economics Bureau の綿花統計を見ると、綿花の政府在庫は、ほぼ十年ごとにピークに達し、その都度アメリカの対外戦争によって激減している。アメリカは、まるで過剰在庫を掃くために戦争しているかのように見える。

規制を撤廃し、日本の綿紡績業が自由に設備を増設できる環境を整えた。規制解除された綿紡績業は、綿織物の生産を飛躍的に拡大させて、原料となる米綿の輸入を増大させた。これは、確かにアメリカにおける綿花の過剰在庫を解消するのに役立った。しかし、他方では、割安の輸入米綿をつかって増産された日本製の綿製品が、アメリカ向けに輸出され、競合するアメリカ綿紡績業界の不満を募らせたのである。

そしてアメリカ政府は、国内繊維業界の反対にも関わらず、日本とのガット関税交渉において、綿製品三〇品目の輸入関税率を引き下げた。一九五五年の時点で、アメリカは日本の綿紡績業にとって最も開かれた海外市場となったのである。

かくして日本のアメリカ向け綿織物輸出量は、一九五四年の四一八〇万㎡から、翌五五年には一万一八五〇万㎡へと二・八倍に急増し[43]、ブラウスなどの綿二次製品の対米輸出額も、五四年の二五億円から五五年には一一六億円へと一挙に四・六倍にふくれあがった[44]。

しかし、アメリカの国内市場はきわめて大きかったから、日本からの輸入の急増といっても、アメリカ同業者への影響は、ほとんどなかった。表8に見られるように、アメリカの綿製品輸入依存度（輸入量／消費量）は、日本からの輸入が急増した一九五五年でも二％程度に過ぎないし、

（43）大蔵省『日本外国貿易年表』参照。

（44）大蔵省関税局資料を、田和安夫（1962）924頁から参照。

表８　アメリカの綿製品消費・貿易量

	消費量	輸出量	輸入量	輸入依存度
53年	4,209.4	291.2	44.5	1.1
54年	3,885.6	290.2	48.5	1.2
55年	4,206.5	262.8	87.0	2.1
56年	4,216.0	254.6	108.0	2.6
57年	3.878.0	278.0	95.6	2.5
58年	3,730.0	250.1	113.1	3.0
59年	4,278.2	236.4	177.5	4.1
60年	4,244.1	238.0	278.9	6.6

注：数量の単位は10万ポンド、輸入依存度（＝輸入量／消費量）は％。
出所：Textile Economics Bureau, *Textile Organon*, 1962, p. 27。

（45）田和安夫（1962）346頁。

日本からの輸入はその半分の一％程度であった。農務省は、アメリカ綿紡績産業が振るわなくなった主な原因を、日本からの綿製品輸入ではなく、アメリカ国内で競合するナイロンなどの合成繊維製品の隆盛にあると見ていた。

しかしながら、先の大戦による憎しみがまだ薄れていない状況のなかで、アメリカの関連業界は、連邦議会や州議会で日本製綿製品の排斥運動を展開し始めた。単価一ドル前後で売り出された日本製の綿ブラウスにたいして、婦人服労働組合がダンピング反対運動を展開したワンダラー・ブラウス事件につづき、綿製品製造業者協会は連邦議会に輸入制限の決議や法案提出をさせ、サウス・カロライナやアラバマの州議会は、日本製綿製品を差別してその締め出しを狙った「日本製繊維製品店頭表示法」を可決した(45)。

日本の繊維業界は、アメリカの対日不満を和らげ、アメリカの輸入制限措置を回避するため、一九五六年一月から、綿製品の対米輸出自主規制に踏み切った。それでもアメリカの繊維業界は、規制の期間と数量が不十分だとして、輸入制限運動を止めなかった。日本政府は、アメリカ政府と協議の場を設け、交渉を重ねた結果、翌五七年一月から総輸出枠に品目別の内枠を加えることで協議が決着した。とりわけアメリカ国内

（46）田和安夫（1962）340頁。

市場で需要が減退している品目の輸出枠は五五年の輸出実績通りだったが、需要の増加が見込める、高級綿布の別珍やブラウス生地に使われる中級綿布のギンガムについては、輸出枠が実績の半分に抑えられた（46）。

輸出自主規制の国家間増殖

日本の対米輸出自主規制は、アメリカ側から見れば、日本からの輸入だけを規制し、日本以外の国々からの輸入は規制しないという差別的な輸入規制である。この点において、輸出自主規制は、アメリカが輸入を抑制する手段としては、まったく不完全なものである。

仮に、アメリカが従来の輸入制限政策によって綿製品輸入を規制したとすれば、綿製品の対米輸出に支障が出るイギリスやフランスなどの西欧諸国は、報復として、アメリカからの主要輸入品に対して輸入規制などの対抗措置をとるに違いない。これは、明らかにアメリカの輸出産業の利益をそこなう。

輸出自主規制は、特定国からの輸入だけを抑制することにより、第三国からの報復を避けることができる都合の良い手段である。しかし、輸出自主規制のそうした都合の良さが、別の問題をひきおこす結果となった。[47]

一九五六年から始まった日本の対米輸出規制によって、日本からの輸入は頭打ちになったけれども、アメリカの綿織物輸入は、国内景気が回復し始めた五九年以降に著しく増加した。当然のことながら、アメリカの綿織物輸入に占める日本のシェアーは、五六年の七六・二％から六一年には三五・一％へと縮小した。[48] この日本からの輸入減少分を埋め合わせたのが、アジア諸国や西欧諸国からの輸入増加であった。とりわけ香港、インド、およびパキスタンのアジア諸国が、旧宗主国イギリスの要請を受けてイギリス向け綿製品の輸出規制を実施した一九五八年以降、それらアジア諸国の綿製品のはけ口は、アメリカ市場に向けられた。アメリカから見れば、表９に示されたように、国内の需要増加に対応する綿製品の輸入先が、日本から香港、インド、パキスタン、スペイン、そしてポルトガルへと代わっただけだった。

アメリカが、綿製品輸入の秩序を維持するためには、次々に現れてくる新興の綿製品輸出国を、すべて対米輸出自主規制の対象に取り込んでいかなければならない。一九六一年五月、ケネディー大統領は、アメリカへ綿製品を輸出するすべての国にたいして輸出を自主規制させるため、セブン・ポイント・プラン（繊維産業援助計画）を発表し、繊維製品の

(47) 詳細については、山田正次（１９９７）を参照。

(48) Lynch,J. (1968) p. 173.

表９　アメリカの綿製品の地域別輸入額

	全地域	日本	香港	他アジア諸国	スペイン	ポルトガル	エジプト
1956年	154.3	84.1	0.7	15.3	0.3	0.0	0.4
1957年	136.2	65.8	5.8	13.0	0.3	0.1	0.5
1958年	150.0	71.7	17.4	14.3	0.4	0.3	0.3
1959年	201.3	76.6	45.8	24.0	1.6	1.0	0.3
1960年	248.3	74.1	63.6	34.0	7.2	5.2	5.9
1961年	203.3	69.4	47.0	25.0	3.2	2.3	1.0

注：単位は100万ドル。
出所：Hunsberger, W.（1964）p. 325。

主要輸出国と輸入国からなる会議を開いて、繊維貿易にかんする国際的取り決めを行うことを提案した。(49)

アメリカの提案にしたがって、綿製品に関するガット主催の貿易会議が開催され、一九六一年十月に一年間有効のＳＴＡ（短期取決め）が成立した。これは、六十四に区分された綿製品のそれぞれについて、輸入国が相手国に輸出量を前年の水準まで抑制するよう要求する権利を認めたものである。ガットは、繊維産業が国内経済に重要な役割を果たしていることを理由として、繊維製品を無差別原則の対象から外したのである。そして全世界の綿製品輸出国を巻き込んだこの輸出自主規制体制は、翌六二年には5年間有効のＬＴＡ（長期取決め）に引き継がれ、一九七三年まで何度も更新された。そして七四年からは、綿や羊毛などの天然繊維からナイロンなどの合成繊維にいたるまで、すべての繊維製品にかんする輸出自主規制の国際体制であるＭＦＡ（多繊維協定）に受け継がれた。

合成繊維の輸出自主規制

一九五〇年代中葉から六〇年代中葉にかけて、日本からアメリカに輸

(49) 他方、西欧では、一九五四年に西ドイツとスイスの繊維業界で、日本やアジアからの綿織物等の輸入を規制する民間協定であるノルドウィック協定が成立した。そして58年には、オランダ、ベルギー、およびオーストリア、59年にはフランスとイタリアが、この協定に加わった。この民間協定の実施に関与していた加盟各国には、ケネディーの提案した繊維貿易に関する国際的取り決めの下地が、すでに出来あがっていたのである。

出された綿製品の他に、雑貨類（サンダルや洋傘など）、野球用グローブやミット、金属洋食器（ナイフやフォーク）など、多岐にわたる軽工業品が輸出自主規制を要請された。労働者を多量に抱える軽工業の生産が対米輸出自主規制によって縮小すれば、深刻だった労働力不足の解消や重化学工業化の推進には好都合なことから、日本政府は、多岐にわたる軽工業品の対米輸出自主規制要請を素直に受け入れた。

しかしながら、六〇年代後半にアメリカが要請した合成繊維製品の輸出自主規制については、日本の合成繊維業界も、それを管轄する通産省も頑なに抵抗し続けた。合成繊維については、日米の利害が一致しなかったのである。

アメリカの繊維産業は、一九五六年から始まった綿製品の輸出自主規制体制の進展によって、息の長い好況と繁栄に恵まれた。こうした経験から、アメリカの繊維業界では、合成繊維や他の天然繊維についても輸入抑制の要求が高まった。一九六八年の大統領選挙に出馬したニクソン候補は、多くの繊維産業が立地する南部の票を獲得するため「当選すれば、毛製品や化合繊製品にも綿製品と同様の輸入規制を実施する」と公約した。翌六九年に就任したニクソン大統領は、選挙公約を実現するため、すべての繊維製品に対する輸出自主規制を日本やアジア諸国に要求

（50）山田正次（1997）265頁。

したのである。

しかしながら、日本には、綿製品の場合とはちがい、合成繊維製品については輸出自主規制を受け入れられない事情があった。それは戦後日本の産業育成政策と関わっている。

長年にわたり貿易赤字に悩まされた日本政府は、外貨節約と国産繊維原料の育成を基本的目標としてきた。綿製品の生産費に占める原綿代の割合は、当時のアメリカでも、六割近くに達し、アメリカよりも賃金率の低い日本では、原綿代の割合はさらに高かった。(50) 日本が綿製品の輸出をして外貨を稼いでも、原料となる綿花の輸入のためにその六割を超える外貨が流出するので、綿製品輸出の外貨手取り率は、かなり低かった。こうして、輸入繊維原料に頼らない合成繊維産業を根付かせ、それを発展させることが、日本政府の悲願となったのである。

合成繊維産業の育成政策は、貿易赤字対策としてＧＨＱに承認され、すでに占領下の時代から実施されていた。一九四九年には、合成繊維産業に対して法人税、電気ガス税、重要機械の輸入税の免除といった税制上の優遇措置や、建設資産に対して低利融資が実施された。そして五一年の関税率改正の際には、多くの品目について引き下げを要求したＧＨＱも、合成繊維には比較的高い関税率を許可した。アメリカの縛りを解かれた五三年には、「合成繊維産業育成対策」を次官会議決定し、ナイロン、ビニロン、塩化ビニリデンについて量産体制を確立するため、税制や金融上の優遇措置に加えて、電力の優先割当や研究助成を実施した。その後、塩化ビニール、アクリルニトル、ポリエステルが育成対象に加えられた。こうした政府の手厚い育成政策に守られ、合成繊維産業の生産量は、一九五五年一・六万トン、六〇年一五・四万トン、六五年三八・八万トン、七〇年八九・八万トンと飛躍的に伸びていった[51]。合成繊維は、六〇年代には輸出産業の仲間入りを果たし、その生産と輸出を伸ばして日本の経済成長と貿易赤字縮小に貢献した。日本の合成繊維業界もそれを管轄する通産省も、日本経済を支える合成繊維産業の勢いを削ぐ輸出自主規制には、応じられなかったのである。

一九六九年十一月以来、日米政府間で輸出自主規制に関する米国案や日本案が提示されるたびに、交渉は物別れに終わり、七一年に入っても日米繊維交渉は進展しなかった。一九七一年八月十五日、ニクソン大統領は、ドル防衛のための新経済政策を打ち出し、金ドル交換性の停止に加え、輸入品に一律一〇%の輸入課徴金を賦課した。日本の繊維業界はそれでも政府間交渉の再開に反対したが、佐藤栄作首相は、十月に米国政府と「日米毛・人繊協定」の仮調印をし、翌七二年一月に、正式調印

(51) 有田圓二（1979）723~727頁。

をおこなった[52]。

日本政府は、輸出自主規制協定の受け入れにより、交換条件とした沖縄の本土復帰を実現させた。当時の表現で「糸を売って縄を買った」といわれた政府は、輸出自主規制のために犠牲となった合成繊維業界にたいして、救済措置を実施しなければならなくなった[53]。

日米間の繊維協定は、一九七四年には、MFA（Multifiber Arrangement：多繊維協定）の成立をうながし、綿や羊毛などの天然繊維製品からナイロンなどの合成繊維にいたるまで、すべての繊維製品にかんするすべての繊維輸出国を巻き込んだ輸出自主規制の国際体制を誕生させた。このMFAは、ガット協定の例外として扱われ、当初は四年間で終了するはずだったが、その後六回に渡って更新され、撤廃されたのは二〇〇四年であった[54]。

（52）韓国、台湾、および香港も、日本に同調して、合成繊維の対米輸出自主規制協定を受け入れた。

（53）小野田欣也（1989）532頁によれば、救済措置として、政府は七一年十二月に離職者に一時金を支給し、七二年には、一二七八億円の対策費のうち、過剰設備買い上げに四三七億円、長期低利運転資金に七五〇億円を当てた。この資金から一〇四万九千錘の紡績機が買い上げられ、八万六五三三台の織機が処理された。

（54）これには、後日談がある。MFAが撤廃された翌年の二〇〇五年、中国からアメリカ市場へ繊維製品の輸出が急増し、アメリカ政府は米国繊維業界の要望に応じて中国製繊維製品への緊急輸入制限を発動した。中国の政府や繊維業界は、これに反発したが、日本のケースと同じく、二〇〇五年十一月に対米輸出規制を内容とする米中繊維協定で決着した（『日本経済新聞』二〇〇五年十一月九日号）。その後の二〇一六年五月、アメリカは輸入が急増した中国など五カ国・地域の鉄鋼製品に関して、ダンピング防止関税を課す措置を決め、中国製品にはとりわけ高い200％の高関税を課した（『日本経済新聞』二〇一六年五月二八日号）。中国政府が、これに猛反発したのは言うまでもない。アメリカ市場をめぐる貿易摩擦の主要な対象国は、日本から中国へ移ったようである。アメリカが国内の輸入競争産業保護を止めない限り、中国の対米主力輸出商品が移り変わって行く度に、かつて日本との間で発生したような貿易摩擦が、再び米中間で繰り返されていくであろう。

オイル・ショック　一九七三年十月、アラブ産油国によって石油価格が四倍弱値上げされた。政治的には第四次中東戦争が引き金と言われているが、経済の視点からは、七一年のニクソン・ショック以来のドル安に原因がある。石油はドル建て価格で売買されているため、アラブ産油国は、ドル安のせいで、以前と同じ量の石油を輸出しても、その輸出代金で買える輸入量が格段に減ってしまった（交易条件が悪化した）。石油の値上げは、そうしたドル安への対抗策と解釈できる。

V　輸入拡大と占領下時代への回帰

輸入の重要性

長年にわたって貿易赤字に悩まされ続けた日本では、貿易黒字が定着し始めた六〇年代後半以降も、輸入の重要性が軽んじられていた。

しかし、七〇年代の二度にわたるオイル・ショックの経験は、日本人に輸入の重要性を知らしめた。七三年には、日本の一次エネルギー供給量の四分の三を占めた原油の輸入価格が四倍に高騰しただけでなく、当時の経済活動水準を維持するに必要なだけの輸入量も確保できなくなった。産業の血液といわれた石油が十分に行き渡らないため、日本経済は大パニックに陥った。そして七九年には、二度目のオイル・ショックが起こった。石油ショックは、日本の産業構造に多大な影響を与えた。エネルギーを大量消費する鉄鋼や石油化学などの重化学工業に代わり、エネルギー消費の割に付加価値の高い自動車や機械製品などの高度加工組み立て産業が急速な進歩を見せた。

そして、こうした大混乱の経験から、石油をはじめとする天然資源の安定確保のため、輸入の重要性が一般にも認識されるようになった。政府は、石油に代わるエネルギーとして、原子力、天然ガス、および石炭に着目し、エネルギー源の多様化を図ると同時に、それらを確実に輸入できる対策を講じた。いわゆる開発輸入である。

例えば、天然ガスの場合について、北アフリカ、中近東、東南アジアには、天然ガスを埋蔵している国々があるけれども、残念ながらそうした国々には、天然ガスを抽出する技術もないし資金もない。日本は、天然ガス埋蔵国に不足する技術と資金を提供することで、天然ガスの輸入を確実にしようとしたのである。(55)

日本に輸入の重要性が認識され始めたもう一つの機会は、日本の貿易黒字にたいするアメリカからの批判である。

日本の貿易収支は、図2に見られるように、六〇年代末、黒字基調に転換した。（ただし、七〇年代の二回のオイルショック時には、一時的に赤字に転落している。）貿易黒字が定着した日本は、アメリカからの批判の高まりをさけるため、一九七一年の総合対外経済対策のなかで、

(55) 1983年、アルジェリア、インドネシア、クウェート、そしてマレーシアとの間で次々に天然ガス輸入にかかわる契約が成立した。その内容は、日本が相手国に天然ガスを採掘するための機械設備を輸出すると同時に、郵便貯金で集めた資金を輸出代金として貸し、その返済を二〇年間の天然ガスによる現物支払いとするものだった。こうして、日本には、それらの国々から二〇年間にわたって天然ガスが確実に供給される体制が整えられた。これにあわせて、日本の各家庭に供給されていた都市ガスは、徐々に天然ガスへ切り替えられていった。

図3　アメリカの貿易収支

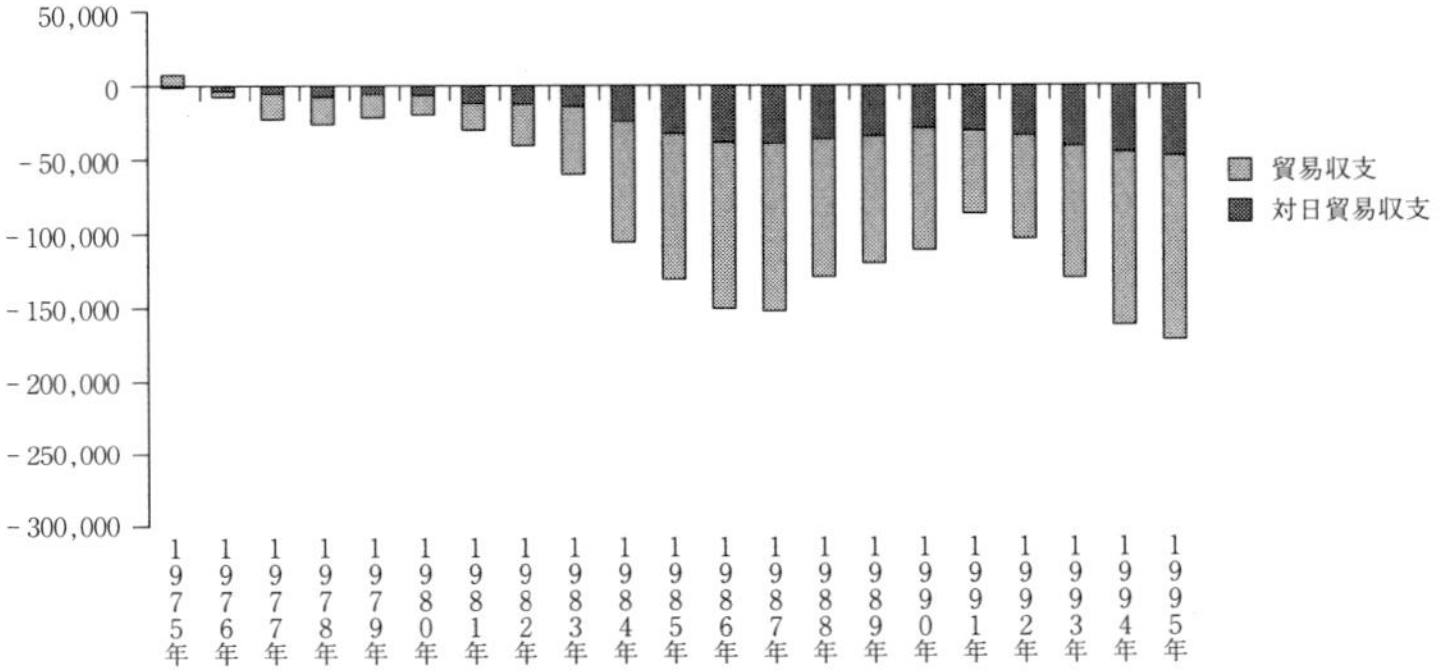

注：単位は100万ドル、輸出はFOB、輸入はCIF。
出所：商務省 *Survey of Current Buisiness*。

輸入を積極的に拡大していく方針を固めた。関税率の引き下げ、輸入制限品目の輸入枠拡大、貿易外取引の自由化、輸入手続きの簡素化などの輸入促進策を実施した。そして、図3に見られるように、アメリカの貿易赤字は、一九七八年に二八三億ドル（対日赤字一一五億ドル）、そして八七年に一七一一億ドル（対日赤字五九八億ドル）のピークに達した。日本は、対米貿易黒字が急増した七八年と八七年に、緊急輸入対策として政府自身が資材をアメリカから直接輸入した。とりわけ、八七年の緊急輸入対策として政府が調達した物は、政府専用機、スーパーコンピュータ、医療・研究用設備機器、ヘリコプター、検査用設備機器、外国図書などであった(56)。

そして八五年には、日本の各地で輸入品フェアが開催されて、牛肉などのアメリカ特産品が格安で売られるなど、官民協力のもとに輸入の促進が図られた。

アメリカの機構改革

戦後以来、日本の通商政策に最大の影響を与え続けているのは、アメリカである。アメリカは、置かれた状況の変化に応じて、安全保障や

(56) 阿部武司（2013）187頁。

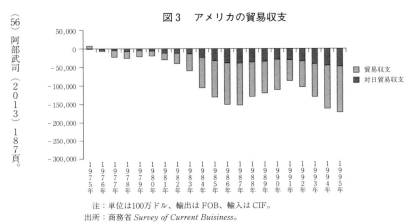

様々な経済的利益の優先順位を変えてきたが、そのことが日本の貿易政策に直接影響した。

安全保障が経済に優先された冷戦時代のアメリカでは、国務省が海外との通商交渉を担当した。国務省は、東側に対抗して西側諸国全体の経済力を強化するため、日本の貿易赤字対策にも協力的であった。

しかし、経済復興を終えた日本や西欧諸国からの輸入が活発化するにつれ、アメリカ国内では、国務省を貿易交渉から外せという要求が高まった。国務省は、安全保障のために貿易を犠牲にしているという理由からである。こうした要求を反映した「一九六二年通商拡大法」は、通商交渉について、対外政策だけを配慮した国務省指導のやり方を一新し、政府の各省庁だけでなく、産業、農業、労働の各界代表からも情報と助言を求めることとし、それらを調整するため、大統領府に特別通商代表（ＳＴＲ）を設置した[57]。

図３で見たように、七〇年代後半に、大幅な貿易赤字に陥ったアメリカは、輸出促進を目的として「一九七九年通商協定法」を制定し、行政機構の改革を行った。貿易（農産物貿易を除く）にかかわるすべての責任を、企業の利益を擁護する商務省と調整役のＳＴＲに分担させ、輸出促進の役に立たない国務省と財務省を貿易に関わる役割から遠ざけた。

（57）宮里政玄（１９８９）40～43頁。

以前は、企業や産業界からの要求は、法案の形で議会審議にかけられ、関係業界の利害対立のために紛糾して廃案になることが多かった。しかし、行政機構の改革により、民間企業の諸要求は、議会手続きを経ることなく、商務省の直接審査だけで実現する道筋ができあがった[58]。議会審議の歯止めが外された企業や産業の諸要求は、その数を増すと同時に産業の分野を拡大していった。多分野に拡大した諸要求は、ＳＴＲから改称されたＵＳＴＲ（米国通商代表部）に集められた。ＵＳＴＲは、増え続ける多分野にわたる企業の諸要求を手早く実現するため、それらを通商交渉の場で一括して取り上げなければならなくなった。品目毎の個別交渉ではなく、市場分野レベルの交渉が必要になったのである。

　通商政策を対外政策や防衛政策から切り離すことができるようになったアメリカは、「一九八八年包括通商・競争力法（新通商法）」を制定し、大統領に与えられていた外国の不公正貿易慣行に対する報復権限を、ＵＳＴＲに移譲させた[59]。ＵＳＴＲの権限を強化したこの新通商法は、明らかに日本などの対米貿易黒字国を標的としたものである。

　こうした機構改革によって、アメリカの貿易交渉のやり方は大きく変化した。七〇年代末までのアメリカは、反ダンピング提訴や相手国への輸出自主規制要請という手段を使い、主として個別品目毎の輸入抑制を

(58) 宮里政玄（１９８９）80～82頁。

(59) 新通商法三一〇条（スーパー三〇一条）にしたがうＵＳＴＲの具体的業務は、石塚正郎（１９８８）によれば、次のとおりである。ＵＳＴＲは、「外国貿易障壁にかんする年次報告書」を毎年四月三十日までに議会に提出する。その後三〇日以内に、不公正慣行の数や蔓延度、そして米国の輸出可能性を考慮して、（１）優先的に取り上げるべき不公正慣行、（２）優先的に取り上げるべき国、（３）不公正慣行がなかった場合に増加したと推定される米国の財・サービスの輸出金額を推定する。特定後、二一日以内に調査を開始し、三年以内に障壁を取り除く交渉をする。交渉で合意が得られなかった場合は、対抗措置をとる。

反ダンピング提訴　外国の不当に低い価格の輸出で被害を受けたと主張する国内産業が、保護のために高関税を賦課するよう政府に提訴することをいう。多くは「ダンピングなし」と判定されるが、解決策として、政府と業界が協議して、輸出国側が輸出の最低価格を保証するかわりに、商務省がダンピング調査を打ち切るという事例も少なくない。

図４　日本の貿易収支（1981-1993）

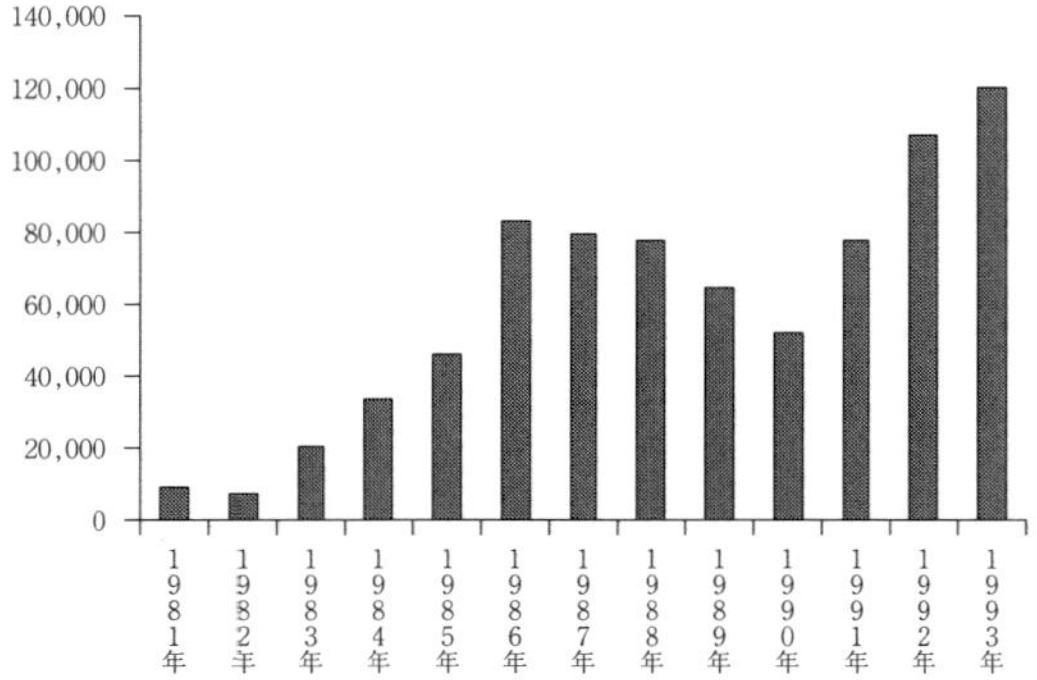

注：単位は100万ドル、通関ベース。
出所：『外国貿易概況』。

実施してきた。

しかし、輸出拡大のために行政機構を改革した八〇年代のアメリカは、製造業のみならず金融やサービス産業からの増加する諸要求を一括して実現するため、輸出相手国に市場の開放を迫るという手法を使うようになった。日本にたいしては、対米貿易黒字の原因が日本の不公正な貿易慣行や経済構造の特殊性にあるという論拠にもとづいて、構造改革をせまったのである。

貿易黒字と財政支出の内生化

六〇年代後半から黒字に転換した日本の貿易収支は、七〇年代にもオイル・ショック時を除いて黒字を続け、図４のように、八〇年代以降、大幅な黒字を計上し続けていた。この日本の貿易黒字が、日本の貿易政策に多大な影響を与えた。

一九八三年の日米首脳会談で「日米円ドル委員会」の設置が合意され、アメリカは、貿易不均衡の問題や市場開放をとりあげ、日本の責任で日本の貿易黒字減らしを実行することを要求した。日本政府は、八五年十月、日本経済の構造や運営にかんする政策を中長期的観点から検討する

前川レポートの提言の目次

一　内需拡大
（１）住宅対策及び都市再開発事業の推進
（２）消費生活の充実
（３）地方における社会資本整備の推進
二　国際的に調和のとれた産業構造への転換
（１）産業構造の転換と積極的産業調整の推進
（２）直接投資の推進
（３）国際化時代にふさわしい農業政策の推進
三　市場アクセスの一層の改善と製品輸入の促進
（１）市場アクセスの一層の改善
（２）製品輸入の促進
（３）節度ある企業行動
四　国際通貨価値の安定化と金融の自由化・国際化
（１）適切な国際通貨価値の安定と維持
（２）金融・資本市場の自由化と円の国際化
五　国際協力の推進と国際的地位にふさわしい世界経済への貢献
（１）国際協力の推進
（２）新ラウンドの積極的推進
六　財政・金融政策の進め方
七　フォロー・アップ

目的で、経済構造調整研究会を立ち上げた。そして翌年の八六年四月、研究会は「国際協調のための経済構造調整研究会報告書」を提出した。代表者の名前をとって「前川レポート」と呼ばれている報告書である。

この前川レポートは、日本が貿易黒字を続けることは、危機的状況であり、その原因が日本の経済構造にあるとして、日本が果たすべき責務を具体策として提言したものである。しかしながら、小宮隆太郎（１９８８）も批判しているように、前川レポートに列挙された具体策の内のいくつかは、貿易黒字の縮小対策と矛盾している。

提言にある国内の住宅整備や社会資本の充実にかんする対策は、確かに日本の貿易黒字を縮小させる働きを持つ。住宅の整備や都市開発に伴う公共工事のためにお金が使われれば、そうした部門の経済活動が活発化し、これにともなって輸入が誘引されるからである。

しかしながら、前川レポートが国際協力のための責務とした日本の直接投資、そして累積債務国への支援や政府開発援助は、いずれも日本の貿易黒字を縮小させるのではなく、逆に拡大させる働きを持っている。民間の直接投資であれ、政府の開発援助であれ、それに必要な資金は外国為替市場でドルに換金されて相手国に送られる。その際、外国為替市場での円売りドル買い取引が、為替レートを円安方向に誘導する。円安は、外国に比べて日本製品の値段がすべて安くなることを意味し、日本の輸出を増やすと同時に輸入を減らす働きを持つ。こうして、日本の貿易黒字は増大する。さらに、日本から資金が流入した相手国では、経済活動が刺激されて輸入を呼び込み、これが日本の輸出を誘引するから、日本の貿易黒字をさらに拡大させるのである。[60]

この矛盾に満ちた前川レポートが、日本の通商政策の基本に据えられたことは、日本にとって極めて不幸なことだった。日米貿易摩擦と称されるアメリカの対日要求に応じて、日本が対米直接投資を行えば、日本の貿易黒字の拡大と同時に、アメリカの貿易赤字は必然的に拡大する。日本は拡大する貿易黒字を減らすため、追加的な内需拡大政策を実施しなければならない。内需拡大策として、民間企業による設備投資の増加には限界があるから、政府による公共投資の増加が避けられない。公共投資による財政支出の増加は、財政収支の赤字を深刻化させ、政府の債務を累積させることになる。

「前川レポート」を前提とした日本の通商政策は、内部に抱えた矛盾により、日本の貿易黒字増加が日本の財政支出増加を誘発し、日本の財政赤字を累積するメカニズムを作り出してしまったのである。

(60) 資金の流入側では、逆に貿易収支の赤字が出る。例えば、日本がアメリカに直接投資する場合に行われる外国為替市場での円売りドル買いが、為替レートのドル高を招いて、アメリカの輸出を減退させる働きを持つ。そしてアメリカでは、投資に必要な機械設備等が国内で調達できなければ、外国から必要な設備を買うことで輸入が増加し、国内調達できた場合にも国内の景気が刺激されて輸入を誘発する。日本がアメリカへの直接投資を続けるならば、アメリカの貿易赤字は、改善するどころか、悪化の一途をたどることになる。

占領下時代への回帰

日本銀行の元総裁をはじめとして、名立たるメンバーから構成された委員会で、日本の直接投資や政府開発援助などの資本輸出が、日本の貿易黒字を縮小させるどころか、逆に拡大させてしまうという矛盾に誰も気づかなかったのは、全く不思議である。しかし、前川レポートの提言を、アメリカの立場から検討すると、アメリカに極めて都合の良い内容となっていることがわかる。

まず、日本の貿易黒字は日本の責任であり、日本自身が貿易黒字の縮小対策を実施すべきであるという前川レポートの基本認識は、これまでアメリカが主張してきた認識そのものである。そして前川レポートのシナリオをアメリカ側から描けば、以下のようになる。

日本の責務とされた対米直接投資は、生産と雇用の拡大をつうじてアメリカの地域経済を活性化させ、失業者の救済に貢献する。そして、アメリカ国内の景気拡大に伴う財政収入の増加が、その財政赤字の削減にも役立つ。直接投資の受け入れによって生まれたアメリカの貿易赤字については、直接投資で貿易黒字を拡大させた日本が内需拡大策を発動し、アメリカの輸出を増加させることで対処することになる。

　前川レポートは、日本の貿易黒字削減を日本の責務として掲げているけれど、提言に列挙された手段の体系に整合する目的は、アメリカの経済的利益である。日本は、自国の利益ではなく、アメリカの利益を前提とする前川レポートを通商政策の基本に据えることにより、再び占領下の時代へ回帰することを選択したと考えられる。ポツダム宣言を受け入れてアメリカの占領下に置かれた一九四五年九月二日から独立の日まで、日本のさまざまな制度や慣習が、アメリカの国益のために改変されつづけた。この時と同じように、日米首脳会談で前川レポートが差し出された一九八六年四月十三日より、日本は、アメリカの経済的利益のために、日本の社会そのものが際限なく改変されていく占領下時代へと回帰したのである。

国内規制の改変

　通商交渉に関する行政機構を改革したアメリカは、数と分野を拡大させている米国企業の諸要求を一括して満たすため、日本との経済交渉を、これまでのような個別品目の交渉ではなく、日本市場の開放を交渉対象として協議するやり方に転換した。

この方式で、一九八五年から八六年にかけて行われた最初の協議が、MOSS協議（Market-Oriented Sector-Selective：市場志向型分野別協議）と呼ばれる協議である。アメリカは、世界の一流品を生産している優良企業のために、日本市場へのアクセス拡大を実現しようとした。劣ったアメリカ製品を日本に強いて受け入れさせれば、日本に不満が出ることを避けたのである。交渉対象となった分野は、電気通信、医薬品・医療機器、エレクトロニクス、林産物の四分野である。

アメリカがMOSS協議で重視した点は、Rothgeb（2001）によれば、（1）アメリカ企業の技術や知的財産権の保護、（2）日本政府の調達慣習の除去、（3）日本政府の認可手続きの簡素化、（4）輸入品の規格設定に日本企業の参加を許す慣例の廃止、（5）外国製建築用材の利用拡大に資する日本の建築基準法の改定、の5点であった[61]。

アメリカは、それらの目標の多くを満たす協議結果を得たが、アメリカ企業からは、日本市場へのアクセスが以前より拡大していないとの不満が出始めた。こうした不満が、次なる日米構造協議（Structural Impediments Initiative）（1989-92）につながった。構造協議で交渉対象に取り上げられたのは、貯蓄・投資の不均衡、土地利用、流通制度、内外

（61）Rothgeb, John M., Jr.（2001）pp. 186-187.

価格差、企業系列、排他的取引慣行の六分野である。協議の結果、日本は、大店法（大規模小売店舗調整法）の改正、独占禁止法の改正、土地問題対策、社会資本の充実（十年間で総額四三〇兆円の公共投資）を決定した。

日本は、流通市場の不効率性の解消を名目とし、規制を解除して市場における弱肉強食化を認め、地方の商店街を崩壊させていった。そして輸入のための物流インフラを整えることを名目として、新東京空港や関西国際空港の整備にくわえ、採算が取れるとは限らない地方空港の開港と整備を次々に進めていった。

こうした公共投資が、その本来の目的から離れて貿易黒字削減のために推進され、日本の財政赤字を累積させる重要な要因となったのである。公共投資という政策手段の実施が先で、そのための口実ないし目的を後で考えるという経済政策の逆立ち現象が、日本社会に望ましい成果をもたらしたとは思えない。

構造協議以降も、アメリカ企業には予想したほどの成果が上がらなかった。日本は、アメリカ企業の対日輸出にいっそう有利な環境を作り出すため、日米包括経済協議（U. S. -Japan Framework for a New Economic Partnership）（1993-94）、日米規制緩和対話（U. S. -Japan Enhanced Initiative on Deregulation and Competition Policy）（1997-2001）、日米規制改革および競争政策イニシャティブ（U. S. -Japan Regulatory Reform and Competition Policy Initiative）（2001-2009）、そして日米経済調和対話（U. S. -Japan Economic Harmonization Initiative）（2011-）に応じ、協議に従って国内の制度や商慣習の変更を実施してきた。

直近の調和対話で協議された分野は、情報通信技術、知的財産権、日本郵政、保険、透明性、運輸・流通・エネルギー、農業関連問題、競争政策、ビジネス法制環境、および医薬品・医療機器の一〇分野である。二〇一二年一月に、アメリカが開示した協議記録[62]をみれば、日本が占領下経済に回帰していることが痛感される。その一部を、以下に紹介しておこう。ただし、カギ括弧内の部分は、内容を明確にするために著者が挿入したものである。

情報通信という［国の存亡に関わる］分野においても、外国［アメリカ］企業の意見をとり入れる。

知的財産権の分野では、［日本の利用者よりも］著作権保有者［アメリカ企業］の利益を優先して保護を強化し、それを変更する場合には事前に関係者［アメリカ企業］の意見を聞く。

日本郵政については、日本郵政グループの保険と銀行サービスに関す

（62）RECORD OF DISCUSSION: U. S. -JAPAN HARMONIZATION INITIATIVE, January 27, 2012. この英語で書かれた記録が協議内容の正文である。なお、外務省がこの日本語訳を掲載している。正文ではない日本語訳には、表現がぼかされているだけでなく、正文に記された論点が削除されたり、正文にはない文章が記載されたりして、意図的な操作が加えられているようにみえる。

る競争上の優位性を［日本人利用者の利益にかかわらず］完全に撤廃する。

保険分野では、共済保険の優位性を弱め、［日本の被保険者の利益にかかわらず］民間保険会社との競争条件を対等にする。

運輸・流通・エネルギーの分野では、二〇一一年に国土交通省が公示した先進的な自動車の安全特性にかんする技術的ガイドラインは、［たとえユーザーにとって有益であったとしても、その遵守のために自動車会社の開発費を膨張させるから］法的拘束力を持たせないことが確認された。そして国土交通省が今後ガイドラインを進展させる場合には、事前に関係者［アメリカ自動車会社］の意見を聞く。

農業関連問題の分野では、厚生労働省が、収穫後の防かび剤認可手続きについて説明の場を設け、認可手続きを迅速化するためにアメリカと協議する。

競争政策の分野では、公正取引委員会が企業結合調査のスピードや透明性を改善するために、その調査手続きや基準を見直す。

ビジネス法制環境の分野では、日本政府が外国弁護士のための専門企業を認めるよう国会に法案を提出する。

医薬品・医療機器の分野では、開発された新薬の価格設定に関して

［患者には不利な］特別加算を永続化する話し合いが、日本政府と業界［アメリカ製薬会社］との間で行われた。そして厚生労働省は［承認をためらっている］抽出溶剤の安全性を食品安全委員会に評価させ、その利用拡大のための法的手続きを進める。

以上のように、一連の日米経済協議は、アメリカ企業の対日輸出促進のために、人々の生活局面に直結する種々の規制や慣習の改変をせまるものである。日本は、国民の豊かな暮らしを実現するという本来の目的を、再び占領下経済に戻ることによって、二次的な目的へと後退させた。その八六年の時点で、池間誠（1986）が指摘していたように、日本の政策は、企業のための経済合理性という視点だけではなく、人々の暮らしにかかわる多面的な角度から、再検討される必要がある。この必要性は、現在も変わらない。

差別貿易への踏み出し

すでに説明したように、日本はガット加入時も、加入後も、多くの加盟国から差別扱いを受けた。根強い西欧諸国の差別扱いを解消するため、日本は西欧諸国向けの輸出活動に気を配り、輸入についても自由化の努力を続けた。そうした努力が報われるのに、十年以上の歳月が費やされ、六〇年代中葉にいたって、やっとガット上の差別扱いを取り除くことができた。

日本は、無差別原則にのっとったガット加盟国間の貿易自由化交渉を重視してきた。ラウンド交渉と呼ばれる貿易自由化交渉は、自由化が容易な分野から着手され、回を重ねる毎に交渉が一層困難な残された分野に至るから、やがて行き詰まる。ラウンド交渉の行き詰まりに備えて、日本も無差別原則のガット方式だけでなく、差別的ではあるが地域間の自由貿易を推進するＦＴＡ（自由貿易協定）方式を併用すべきことが、六〇年代後半、すでに小島清（１９６９）によって提唱されていた。

八〇年代には地域主義が勢いを増し、西欧ではＥＣが加盟国を増し、北米ではアメリカが八八年にカナダとの間で自由貿易協定を締結した。しかし、対日差別とその解消に苦しめられた日本は、あくまでもガットの無差別原則にしたがう通商方針を堅持し、他国や他地域を差別扱いするＦＴＡなどの貿易協定を締結することはなかった。

ガット体制は、先進国が交渉を主導し、発展途上国が追従する形で、貿易協定が比較的容易に締結されたが、八〇年代から九〇年代にかけて成長した発展途上国の発言力が高まり、一九九五年にガットを吸収して

（63）挫折の詳細な原因分析については、京極（田部）智子（２０１４）を参照。

成立したＷＴＯ体制下では、かつてのような形の貿易交渉が難しくなった。そしてこれまで交渉が困難なために手が付けられなかった農産物貿易に関する問題がドーハ・ラウンドで交渉対象になったことから、二〇〇八年七月に、世界的な貿易自由化交渉は、立ち往生してしまった。[63]

ＥＣから深化したＥＵの加盟国は、九五年に十五カ国に拡大して西ヨーロッパのほぼ全域に行き渡り、北米では九五年にアメリカ、カナダ、およびメキシコの間でＮＡＦＴＡ（北米自由貿易協定）が発効し、南米でも九五年にブラジル、アルゼンチン、ウルグアイ、およびパラグアイの関税同盟であるＭＥＲＣＯＳＵＲが発効した。そして東南アジアではＡＳＥＡＮが九五年に加盟国を十カ国に増やしている。九〇年代に、世界の主要地域で地域統合が深化していったのである。

そうした地域統合への合流の遅れが国益を損ねると判断した日本は、ついに二〇〇〇年代に入って通商体制の方針を転換し、無差別原則のガット体制に加えて、特定国間の自由貿易を推進する差別的なＦＴＡを併存させる重層的な政策に切り替えた。日本のＦＴＡは、関税や非関税障壁の撤廃だけでなく、直接投資の自由化、貿易と直接投資の推進、そして様々な分野の経済協力を含む協定であることから、日本政府はＦＴＡではなくＥＰＡ（経済連携協定）という用語を使っている。

日本が二国間でＦＴＡを締結した国は、二〇〇二年のシンガポールを皮切りに、ＡＳＥＡＮ諸国へ移り、中南米では締結先がメキシコやチリにもおよんでいる。Urata（2015）は、日本がＦＴＡを結んでいる国の多くは天然資源の供給国であり、日本のＦＴＡは、エネルギーや天然資源の安定確保を目的としていると指摘している。実際に、インドネシアやＧＣＣ（湾岸協力会議）は石油や天然ガス、モンゴルは石炭や銅鉱石、オーストラリアは石炭や鉄鉱石、チリやペルーは銅鉱石の輸出国である。

ＴＰＰについて

日本は、資源・エネルギーの安定的輸入を主要な目的としたＦＴＡに加え、国境を越えた企業の貿易・投資活動の活発化を目的としたＴＰＰ交渉にも参加した。ＴＰＰ（Trans -Pacific Strategic Economic Partnership Agreement 環太平洋戦略的経済連携協定、あるいは単に Trans-Pacific Partnership）は、協定の影響が、参加各国の経済面にとどまらず政治や社会の側面にまでおよぶ地域協定である。過日、予定参加国の代表者会議で一応の決着を見た交渉分野は、貿易救済措置、競争政策、知的財産、政府調達、サービス貿易など20を超える分野にわたっており、その多くは日米間の調和対話の交渉内容と重なっている。ＴＰＰは、国境を越える財やサービスの貿易や投資活動を活発化させるため、人々の生活にかかわる制度や慣習をも変更するという立場をとっている。明らかに、経済政策の目的と手段が逆転しており、日本のＴＰＰ参加については、輸出産業部門での賛成論とともに、サービス部門や農業部門などには根強い反対論がある。ＴＰＰの内容は、中川淳司（２０１１）が詳細に紹介しており、それらの賛否については、馬田・浦田・木村（２０１２）、農文協（編）（２０１０）、農文協（編）（２０１１）などが参考となる。

ＴＰＰの交渉分野の中で、最も占領下体制を痛感させられるのは、ＩＳＤＳ条項である。これは、外国投資家と自国政府との間の紛争解決にかんする手続きを認める条項である。例えば、アメリカ企業が、日本政府の協定違反によって日本国内での経済活動に損失を被ったと主張し、日本政府を相手取って国際仲裁機関に仲裁を要請する手続きを示した条項である。これは、外国企業の私的利益と受入国の公的利益を天秤にかけ、外国の機関がそれを判定するという、外国企業に与えられた特権条項である。自国企業にも与えられていないような待遇を外国企業だけに与えるような治外法権条項は、国の主権をいっそう弱めるものである。

最後に、世間の誤解を解くため、アメリカ側の様子を確認しておく必要がある。

アメリカが条約を批准し、その協定に従うには、議会で新たに法律を制定しなければならない。たとえば、アメリカ議会は、一九九四年十二月、ウルグアイ・ラウンド協定を批准し、アメリカのＷＴＯへの正式な加盟を承認した。そして、この協定を国内で運用するため、ウルグアイ・ラウンド協定法（The Uruguay Round Agreement Act: Public Law 103-465）を成立させた。

しかし、この協定法の第一〇二条（ａ）（１）には、「ウルグアイ・ラウンド協定のどのような規定も、あるいはその規定のいずれかの人や状況への適用も、それが米国連邦法に反する場合には、効力を持たない」という、連邦法優先条項が掲げられている。そして、各州の州法についても同様に、第一〇二条（ｂ）（２）で、優先適用が規定されている。[64] これは、アメリカが、ＷＴＯの諸条項に反する国内法を温存させていることを暗示している。

例えば、アメリカは連邦レベルでも州レベルでも、それぞれバイ・アメリカン法が制定されており、政府が民間企業から財・サービスを調達する場合、アメリカ製品（あるいは州産品）を優先させることが義務づ

（64）同じように、アメリカがＮＡＦＴＡ（北米自由貿易協定）や米韓ＦＴＡを締結した場合も、議会でそれぞれ実施法（Public Law103-182 および Public Law 112-41）が作られ、全く同一文章の第一〇二条で国内法優先が保証されている。

けられている。外国製品を差別扱いするこのバイ・アメリカン法は、無差別原則を掲げるガット（ＷＴＯ）条項に反しているが、改訂される様子はない。

このバイ・アメリカン法は、ＴＰＰの政府調達分野に掲げられている無差別原則にも抵触している。しかし、アメリカ議会によってＴＰＰが批准され、その実施法が制定されれば、そこには国内法を優先する第一〇二条が掲げられるにちがいない。アメリカには、国内のさまざまな制度や慣習が、国際条約の影響を直接受けることなく温存される法制度ができあがっている。

日本の場合、国際条約の条項が国内法に優先するから、新たな条約が結ばれるたびに国内法が改正されるだけでなく、将来にわたって国際条約の制約に縛られる。けれどもアメリカは、国内法優先の法体系に従い、場合によっては過去の国際条約に抵触するような国内法を、新たに制定することもできる。アメリカの社会や経済の慣例は、諸外国との新たな国際条約の批准によって直接的な影響を受けないような仕組みになっているのである。

あとがき

戦後日本の通商政策を探ってみると、アメリカの政策方針の変化による影響が、いかに大きかったかが痛感された。一九五二年に独立した日本が、一九八六年に再びアメリカの占領下に戻ったことで、その後の日本社会は大きく改変され続けている。改変の目的は、アメリカ輸出企業の業績を上げることであり、そのために日本の市場では、企業活動の障害になっていた規制や慣習が次々に取り除かれてきた。政府の規制が緩和・撤廃されれば、日本の大手企業にとっても好都合なことから、日本側にも、アメリカの要求を受け入れる土壌は整っていたとみられる。

再びアメリカの占領下におかれた日本は、企業活動のための経済効率を最優先し、人々の暮らす地域社会への配慮をほとんどしなくなった。日本の社会や伝統、そして日本語までが、アメリカ企業の輸出を阻害する要因と考えられている限り、アメリカの対日要請は、日本に再び独立の日が訪れるまで、止むことはないようだ。

占領下の日本が、どの程度、アメリカ社会に近づいていくことになるかは、日本企業の指導者達がアメリカ社会をどう捉えているかに依存する。彼らが、アメリカ社会を望ましい手本と考えているならば、アメリカの要請は、そのまま日本で実現されていくだろう。しかし、アメリカ社会が理想からほど遠いと認識されていれば、日本企業がその活動自体を見直すことによって、アメリカの要請は、修正された形でしか実現できなくなるだろう。日本社会の行く末は、日本企業を指導する人々の思いにかかっている。

参考文献

阿部武司（２０１３）「輸入拡大と市場開放」阿部武司（編著）『通商産業政策史１９８０‐２０００』第2巻　経済産業調査会

浅井良夫（２０１５）『ＩＭＦ８条国移行―貿易・為替自由化の政治経済史』日本経済評論社

赤根谷達雄（１９８５）「最恵国待遇を求めて」渡辺昭夫（編）『戦後日本の対外政策』第5章　有斐閣

赤根谷達雄（１９９２）『日本のガット加入問題』東京大学出版会

有田圓二（１９７９）『続戦後紡績史』日本紡績協会

陳友駿（２０１１）『米中経済摩擦』晃洋書房

江藤淳（１９８０）『一九四六年憲法―その拘束』文藝春秋

江藤淳（１９８９）『閉ざされた言語空間』文藝春秋

藤井茂（１９８０）「日米貿易における補完と競合」高垣寅次郎（編）『アメリカ経済研究第八七委員会の三〇年』日本学術振興会

羽澄光彦（１９７１）「対日差別問題の一般的背景」小島清・小宮隆太郎（監修）『日本のＮＴＢ（非関税障壁）』日本経済研究センター

堀江薫雄（１９６２）『国際通貨基金の研究』岩波書店

法令普及会編集部（１９６２）「終戦後、米国のガリオア等経済援助に、四億九千万ドルの返済協定」『時の法令』四三三号　大蔵省印刷局

池間誠（１９８６）「自由貿易のパラドックス」『世界経済評論』3月号　世界経済研究協会

入江啓四郎（１９６２）「ガリオア・エロア返済協定」『国際法外交雑誌』第六一巻　第三号　国際法学会

石川理那（２００４）「アメリカ通商政策形成過程におけるロビイング活動の役割」『商学研究』第四五巻　第一・二号　愛知学院大学商学会

石塚正郎（１９８８）「米・新通商法と貿易（7）」『日本経済新聞（朝刊）』一九八八年十一月三十日号

伊藤正直（１９９０）「外貨・為替管理と単一為替レートの設定」通商産業省（編）『通商産業政策史』第4巻　通商産業調査会

伊藤隆敏（１９９８）「日米経済摩擦の政治経済学」鴨武彦・伊藤元重・石黒一憲（編）『国際政治経済システム　第2巻　相対化する国境Ｉ』有斐閣

橘川武郎（１９９２）「エネルギー産業の再建」通商産業省（編）『通商産業政策史』第３巻　通商産業調査会

経済復興計画委員会（１９４９）「経済復興計画委員会計画書」中村隆英・原朗（編）（１９９０）『資料・戦後日本の経済政策構想』第３巻　東京大学出版会

古城佳子（２０１０）「国際政治と日本の規制緩和　構造改革　―国際政治の変化と外圧」寺西重郎（編）『構造問題と規制緩和』慶應義塾大学出版会

小島清（１９４４）「世界経済新秩序と日本経済の将来」郷男爵記念會論文集　第一巻『経済建設と国防』有斐閣

小島清（１９６９）『太平洋経済圏と日本』国元書房

小宮隆太郎（１９８８）『現代日本経済　マクロ的展開と国際経済関係』東京大学出版会

京極（田部）智子（２０１４）「ドーハ・ラウンド：農業交渉の進展と挫折を中心に」『研究論文（農業政策分野）』２０１４　No１　キヤノングローバル戦略研究所

松下満雄（１９８３）『日米通商摩擦の法的争点』有斐閣

松下満雄・米谷三以（２０１５）『国際経済法』東京大学出版会

宮田満（１９９０）「外貨割当制度の運用とその産業政策的意義」通商産業省（編）『通商産業政策史』第６巻　通商産業調査会

宮里政玄（１９８９）『米国通商代表部（ＵＳＴＲ）―米通商政策の決定と代表部の役割』ジャパンタイムズ

三和良一（１９９１）「対日占領政策の推移」通商産業省（編）『通商産業政策史』第２巻　通商産業調査会

中川淳司（２０１１）「ＴＰＰで日本はどう変わるか？」第一回～（２０１２）第十三回『貿易と関税』日本関税協会

中川淳司・清水章雄・平覚・間宮勇（２０１２）『国際経済法（第二版）』有斐閣

中村隆英（１９７８）『日本経済　その成長と構造』東京大学出版会

中村隆英（編）（１９９０）『資料・戦後日本の経済政策構想　第三巻　経済復興計画』東京大学出版会

中野剛志（２０１３）『反・自由貿易論』新潮社

日本関税協会（１９６１）『貿易年鑑』一九六一年版　日本関税協会

西鋭夫（１９８３）『マッカーサーの「犯罪」』（上巻）日本工業新聞社

西川博史（１９９０）「貿易の実態と通商政策」通商産業省（編）『通商産業政策史』第４巻　通商産業調査会

農文協（編）（２０１０）『ＴＰＰ反対の大義』農山漁村文化協会

農文協（編）（２０１１）『ＴＰＰ反対と日本の論点』農山漁村文化協会

岡茂男（１９６４）『戦後日本の関税政策』日本評論社

小野田欣也（１９８９）「日米繊維交渉」通商産業省（編）『通商産業政策史』第9巻　通商産業調査会

大蔵省関税局国際課（１９６４）『ガットと日本』日本関税協会

大蔵省財政史室（編）（１９７６）『昭和財政史――終戦から講話まで――』第3巻　東洋経済新報社

大蔵省財政史室（編）（１９９９）『昭和財政史　昭和27～48年度　第十一巻　国際金融／対外関係事項（1）』東洋経済新報社

レイモンド・ヴァーノン（松下勝弘訳）（１９８３）「１９８０年代アメリカ合衆国の国際貿易政策」大来佐武郎・佐藤隆三（編）『貿易フリクション』第1章　有斐閣

佐々木隆雄（１９９７）『アメリカの通商政策』岩波書店

佐竹正夫（２００２）「日米通商摩擦の展望」池間誠・大山道広（編著）『国際日本経済論』第4章　文眞堂

関野通夫（２０１５）『日本人を狂わせた洗脳工作』自由社

関岡英之（２００４）『拒否できない日本　アメリカの日本改造が進んでいる』文藝春秋

宣在源（２００２）「引揚企業団体の活動――戦前期海外進出企業の国内経済復帰過程――」原朗（編）『復興期の日本経済』第十四章　東京大学出版会

竹前栄治・中村隆英（監修）西川博史・石堂哲也（訳）（１９９７）『ＧＨＱ日本占領史』第52巻（外国貿易）日本図書センター

高岡熊雄（１９２５）『ブラジル移民研究』東京寶文館

田和安夫（編）（１９６２）『戦後紡績史』日本紡績協会

寺村泰（１９９０）「輸出振興と輸出秩序の確立」通商産業省（編）『通商産業政策史』第6巻　通商産業調査会

寺村泰（２０１０）「輸出振興策」石井寛治・原朗・武田晴人（編）『日本経済史5　高度成長期』東京大学出版会

津久井茂充（１９９３）『ガットの全貌』日本関税協会

内田宏・堀太郎（１９５９）『ガット――分析と展望――』日本関税協会

馬田啓一（２００２）「日本の地域主義政策の新展開――ＦＴＡ問題の政治経済学――」池間誠・大山道広（編著）『国際日本経済論』

第11章　文眞堂
馬田啓一・浦田秀次郎・木村福成（編著）（２０１２）『日本のＴＰＰ戦略――課題と展望』文眞堂
山田正次（１９９３）「輸出自主規制とその増殖について」『社会科学論集』第三二号　愛知教育大学社会科学会
山田正次（１９９７）「１９５０年代の日本の対米綿製品輸出規制とその帰結」『南山経済研究』第十一巻　第三号　南山大学経済学会
山田正次（１９９９）「１９５０年代日本の原綿輸入割当と綿紡績産業の反応」『南山経済研究』第十四巻　第一・二号　南山大学経済学会
山田正次（２０１１）「戦後の対外赤字対策と綿紡績産業の過剰設備」『南山経済研究』第二六巻　第一号　南山大学経済学会
山崎広明（１９９１）「日本経済の再建と商工・通商産業政策の基調」通商産業省（編）『通商産業政策史』第２巻　通商産業調査会
安原洋子（１９９０）「連合国の占領政策と日本の貿易」通商産業省（編）『通商産業政策史』第４巻、通商産業調査会
米山裕・河原典史（２００７）『日系人の経験と国際移動　在外日本人・移民の近現代史』人文書院
若槻泰雄・鈴木譲二（１９７５）『海外移住政策史論』福村出版
若槻泰雄（２００１）『外務省が消した日本人　南米移民の半世紀』毎日新聞社
Aggarwal, Vinod K. (1985), *Liberal Protectionism: The International Politics of Organized Textile Trade*, University of California Press
Aggarwal, Vinod and Shujiro Urata (2006), *Bilateral Trade Agreements in the Asia-Pacific: Origins, Evolution, and Implications*, Routledge　浦田秀次郎・上久保誠人（監訳）（２０１０）『ＦＴＡの政治経済分析――アジア太平洋地域の二国間貿易主義――』文眞堂
Baldwin, Robert E. (1988), *Trade Policy in a Changing World Economy*, Harvester・Wheatsheaf
Cohen, Stephen D. (1988), *The Making of United States International Economic Policy*, Third Edition, Praeger Publishers
Dam, Kenneth W. (1970), *The GATT: Law and International Economic Organization*, Chicago University Press
Dickerson, K. G. (1995), *Textile and Apparel in the Global Economy*, 2nd ed. Prentice-Hall
Hunsberger, W. (1964), *Japan and the United States in World Trade*, Harper & Row

Kindleberger, Charles P. (1973), *The World in Depression 1929-1939*, University of California Press 石崎昭彦・木村一朗（訳）（１９８２）『大不況下の世界　１９２９－１９３９』東京大学出版会

Lawrence, O. L. (1934),"Competition in the World Trade Market," *Pacific Affairs*, Vol. 7, No. 2

Lynch, J. (1968), *Toward an Orderly Market: An Intensive study of Japan's Voluntary Quota in Cotton Textile Export*, Sophia University

Patterson, Gardner (1966), *Discrimination in International Trade: The Policy Issues 1945-1965*, Princeton University Press

Pelzman, Joseph (1984), "The Multifiber Arrangement and Its Effect on the Profit Performance of the U.S. Textile Industry," in Robert E. Baldwin and Anne O. Krueger eds., *The Structure and Evolution of Recent U. S. Trade Policy*, University of Chicago Press

Rothgeb, John M. Jr. (2001), *U. S. Trade Policy: Balancing Economic Dreams and Political Realities*, CQ Press

Urata, Shujiro (2015), "Postwar Japanese Trade Policy: A Shift from Mulilateral GATT/WTO to Bilateral Regional FTA Regimes,"in Aurelia George Mulgan and Masayoshi Honma eds., *The Political Economy of Japanese Trade Policy*, Palgrave Macmillan

Yamada, Shoji (1985), "U. S. -Japan Trade Conflicts and U. S. Trade Policies," *Nanzan Review of American Studies*, Vol. VII, Nanzan University

【著者紹介】

山田　正次（やまだ・しょうじ）

1949年、名古屋市生まれ。
南山大学大学院経済学研究科博士課程単位取得。
南山大学経済学部助手、講師、助教授を経て、現在、教授。
日本国際経済学会理事、日本経済政策学会理事を歴任。
専攻は国際経済学。

〈主要論文〉
「国際貿易と直接投資に対する特殊要素理論的分析」『アカデミア』1981年。
「特殊要素モデルにおける技術進歩の諸効果」『南山経済研究』1988年。
「最適移転価格操作と技術進歩」『南山経済研究』2003年。
「韓国の通貨危機と危機対策の位置づけ」『南山経済研究』2013年。

〈21世紀南山の経済学⑦〉

アメリカに振り回される日本の貿易政策

2017年1月18日　第1刷発行　定価（本体700円+税）

著　者　山　田　正　次
発行者　柿　崎　均

発行所　株式会社　日本経済評論社

〒101-0051　東京都千代田区神田神保町3-2
電話　03-3230-1661　FAX　03-3265-2993
info8188@nikkeihyo.co.jp
URL：http://www.nikkeihyo.co.jp

装幀＊土岐悠二　印刷＊文昇堂・製本＊根本製本

乱丁・落丁本はお取替えいたします。　Printed in Japan

ISBN978-4-8188-2452-2

〈21世紀南山の経済学〉は、南山大学経済学部創設50周年を記念して、2010年より経済学部教員が順次執筆し、シリーズとして刊行するものである。出版にあたって、日本経済評論社の御協力をいただいたことに感謝する。　　　　南山大学経済学部・経済学会